JAHN J KASSL
VOLLENDUNG

EDITION
MEISTER
DIALOGE

VOLLENDUNG

GESPRÄCHE VON **JAHN J KASSL** MIT

JESUS CHRISTUS
BABAJI
SANANDA
VENUS KUMARA
MEISTER ST. GERMAIN
ERZENGEL JOPHIEL
MEISTER KUTHUMI
SAI BABA
SANAT KUMARA
PARAMAHANSA YOGANANDA

NOVEMBER 2020 – APRIL 2021

INHALT

Vorwort des Autors – Das große Erwachen	15
Wir drehen das Spiel! – JESUS CHRISTUS	23
Alles spitzt sich zu!	25
Zeitgeschehen dient dem Erwachen	28
Sichtbare Zerfallserscheinungen	29
Wie mit Stimmungsschwankungen umgehen? – BABAJI	33
Hochschaubahn von Gefühlen	35
Amerika vor Zerreißprobe	36
„Das Ereignis"	37
„Neue Weltordnung" ADE! Teil 1 – SANANDA	41
Ein Wunschtraum?	43
Umkehr ist immer möglich	44
US-Wahlen	45
Etablierung der göttlichen Ordnung	46
Gebet für unsere Politiker und für uns selbst – AUS DEM SEIN	49
Gebet der Gnade	51
„Neue Weltordnung" ADE! Teil 2 – SANANDA	55
Wann ist Land in Sicht?	57
Bleibt im Gottvertrauen!	59
Das Böse verzehrt sich selbst!	60
Wohin lenkst du deine Aufmerksamkeit?	61
Impfungen werden wirkungslos, wenn…	62
Selig und gepriesen ist der Mensch! – JESUS CHRISTUS	67
44 Seligpreisungen	69
Geduld verwandelt dich in Liebe – BABAJI	73
Das Neue	75
Die große Show	77
Die Prüfung	78
Die große Reinigung	79
3 Schritte zur Geduld	81
Willensbekundung	82
Wie es ist, ist es gut!	83
Am Ende ist alles gut!	85

Wann Satan weicht! – JESUS	89
Das Mitregieren des Egos beenden!	91
Kurs zur Selbstbestimmung	92
Weine nicht um mich…	95
Die Messias-Täuschung, Teil 1 – VENUS KUMARA	99
Transhumanismus bedarf deiner Einwilligung!	101
Der falsche Messias	104
Die Messias-Täuschung Teil 2 – VENUS KUMARA	107
Gibt es einen „echten Messias"?	109
Du bist der Erlöser	110
Direkte Offenbarungen	112
Dein Königreich	114
Erde der 3. Dimension wird aufgegeben! – MEISTER ST. GERMAIN	117
Intensive Träume	119
Impfpflicht und Stigmatisierung von Menschen	121
Alles ist gut!	122
Wie ein Bär im Winterschlaf – JESUS CHRISTUS	127
Stoppt alle Aktivitäten!	129
Die Bedeutung von 2021	130
„Revolution vor morgen Früh"	132
Das NEIN der Menschheit! – MEISTER ST. GERMAIN	137
Neujahrs-Blues?	139
Fürchtet euch nicht!	140
Revolution der Herzen auf die Straße tragen!	141
Sehen oder wahrnehmen?	145
Sorgen und Ängste bewältigen – JESUS CHRISTUS	149
Gezielte Bewusstseinsarbeit	151
Ich bin der Weg	152
Die Sorge ist eine schlechte Gewohnheit	155
Erster Schritt: Gehirn umschreiben und Sorgen entfernen	156
Zweiter Schritt: Gehirn umschreiben und angstfrei werden	158
Dritter Schritt: Übergib alles Gott!	159
Wellness für die Seele	160
Gott behütet dich!	162
Neues Denken, neue Gewohnheiten	163
Gott ist alles!	164

Urlaub auf Erden und Sex im Himmel – ERZENGEL JOPHIEL	167
Nach dem Tod ist vor dem Leben	169
Erdenleben ist Gnade	170
Urlaub auf Erden	172
Sex im Himmel	172
Was ist das Spiel?	174
Das Flüstern Gottes – JESUS SANANDA	177
Wenn der Schmerz sich lohnt	179
Aktivierung des göttlichen Funkens	180
Gewissen, Gewissheit und Wissen	181
Der Esel macht IAH	183
Deine Seele kennt Gott	185
Kommen Tiere in den Himmel? – MEISTER KUTHUMI	189
Haben Tiere und Pflanzen eine Seele?	191
Haustiere im Jenseits	192
Mensch stammt nicht vom Affen ab!	194
Was erlebt ein Fleischhauer nach dem Tod?	195
Tierwelt im Jenseits	196
Schlachthöfe bedingen Schlachtfelder	197
„Papa, ich bin eh da!" – SAI BABA	201
Traum	203
Informationen aus den spirituellen Reichen	205
„Täglich grüßt das Murmeltier"	207
Was führt zum Erfolg	209
Liebe dich bei Wolkenhimmel – SANANDA	213
„Das ist gesund"	215
Verbrechen drängen an das Licht!	216
Realität erweckt Mitgefühl	217
Menschen in der „Schwebe"	219
Dein Beitrag	220
Zukunft auf der neuen Erde	221
Liebe dich selbst!	222
Die „Harmonisierer" – SANAT KUMARA	225
Sebastian Kurz	227
Umformung von Energie	228
Gibt es einen Ausweg für NWO-Politiker	231

Der Funke Licht 232
Dein Beitrag zum Wandel 234
Epilog 235

Gott wird seine Kinder wachrütteln! – SANAT KUMARA 239
Lichtflutung der ZENTRALEN SONNE 241
Die Corona-Hypnose 242
Wichtig ist … 244

Was heißt „aufwachen" wirklich? – SANAT KUMARA 249
Sind die Freiheitsbewegungen ein Zeichen? 251
Revolutionäre der Liebe 254
Der letzte Tag 255
Unser wahres Zuhause 257

Wohin ihr geht, können die Anderen nicht sein! – MEISTER ST. GERMAIN 261
Im Großen wie im Kleinen 263
Was hinterlassen wir unseren Kindern? 265
Wie mit Ängsten umgehen? 267
Neues Raum-Zeit-Kontinuum 269

Geist bist du und pure Liebe – SANAT KUMARA 273
Aufwachen wird zur Notwendigkeit! 275
Was ist positiv im Negativen? 275
Die Corona-Erzählung 277
Spirituelle Perspektive 277
Das größte Abenteuer 279
Das Reich Gottes auf Erden 280

Leben ohne Stress! – SANAT KUMARA 283
Genug gelitten! 285
Aktivität verschüttet Sehnsucht nach Gott 286
Was es heißt, in dein Herz zu leuchten? 288
Übernimm die Verantwortung! 289
Was willst du wirklich? 291
Die Stress-Fastenkur von 7 Tagen 293
Leben durch Freude 296

Jetzt will ich Taten sehen! – BABAJI 299
Phuro, lasst euch inspirieren! 301
Glaube an das Gute 302

Die Corona-Impfung	303
Corona ist nicht von Dauer!	304
Der letzte Akt	305
Aufräumarbeiten – MEISTER ST. GERMAIN	309
Öffne dein Herz für die Liebe Gottes – SAI BABA	315
Österreichische Regierung verbietet Ostern!	317
Aufgaben finden dich!	318
Stein für Stein an die richtige Stelle	320
Partnerschaft, Familie und Kinder – PARAMAHANSA YOGANANDA	323
Wie findest du den richtigen Partner?	325
Überstürze nichts!	326
Sex und Alltag	327
Wie Kinder Riesen werden	329
Warum diese Zeit ein Segen ist – PARAMAHANSA YOGANANDA	331
Reifung der Menschen	333
Wie sich verhalten?	334
Der Segen	336
Die Corona-mRNA-Impfung – MEISTER ST. GERMAIN	339
Österreich impft!	341
Abstieg oder Aufstieg?	342
Die Liebe und das Schwert	344
Kollektiver Selbstmord?	346
Was bewirkt der mRNA-Corona-Impfstoff?	347
Das große Sterben	349
Das große Ereignis	351
Gibt es Heilungschancen nach einer Corona-Impfung?	354
Notfall-Anrufung	355
Corona-Dynamik	357
Hüte deine Seele	359
Epilog – Alles ist gesagt! – MEISTER ST. GERMAIN	363
Gewissheit und Frieden	365
Alles hat seinen Weg	367
Literatur- und Quellenverzeichnis	371
Publikationen JAHN J KASSL	373

„Jeder Einzelne von uns ist der Ozean und ist nicht nur ein Tropfen."

JAHN J KASSL

VORWORT DES AUTORS

DAS GROSSE ERWACHEN

Sehr geschätzte Leser, liebe Freunde!

„Fürchtet euch nicht! Für alles gibt es eine Lösung, sobald ein Mensch diese Lösung wirklich will!", sagt uns MEISTER ST. GERMAIN am Ende des Buches. Somit ist der Leitfaden zur „Vollendung" gegeben. Denn bei allen Herausforderungen dieser Zeit geht es alleine darum, was wir wollen – was ein jeder einzelner wirklich will! Unser Schicksal wird durch unsere Entscheidungen und unseren Willen bestimmt.

Es ist keine fremde bzw. unsichtbare Macht, die die Fäden deines Lebens in Händen hält. Du selbst bist der Baumeister deines Lebens und Gott ist der Schmied, der dich mit den Werkzeugen ausstattet, nach denen du verlangst.

Über diese Selbstwahrnehmung zu verfügen, heißt, Eigenverantwortung zu übernehmen – und bedeutet schließlich in vollkommener Übereinstimmung mit deinem Seelenplan zu leben. Darauf kommt es heute an! Denn der Umbruch ist da!

Es gibt keinen Zweifel mehr, die Welt verändert ihr Gesicht. Jetzt geht es darum, deinen Platz einzunehmen und deine Rolle zu spielen – vollendet.

Dieses Buch leuchtet tief in diese Zeit hinein und vermittelt dem Leser eine Ahnung davon, wie bedeutend er ist und wie bedeutsam seine Entscheidungen sind.

Wir befinden uns mitten in den größten Umbrüchen seit Menschengedenken – und wir gestalten diese Zukunft selbst mit! Deshalb ist es völlig unbedeutend, ob eine Clique in Davos vom „Great Reset" spricht! Bedeutung hat allein, was jeder einzelne Mensch wirklich anstrebt und was wir gemeinsam als Menschenfamilie wollen.

Das „Große Erwachen" ist nämlich die andere, die positive Alternative – und diese bekommt mit jedem Tag mehr Energie.

Werden sich Licht und Liebe am Ende durchsetzen? Ich bin überzeugt davon. Wie das vonstattengeht, davon handeln die Gespräche in diesem Buch.

„Corona ist nicht von Dauer" heißt es in einer Botschaft und doch überlagerte dieses Thema ein ganzes Jahr. Es ist nur logisch, dass sich die Phänomene dieser Krise wie ein roter Faden durch die Gespräche ziehen.

Corona ist ein Brennglas für unsere Erkenntnisprozesse und ist gewissermaßen ein „Glück" für unser spirituelles Wachstum. Die Lichtebenen des Seins beleuchten diesen Umstand, denn es macht Sinn, dass wir derzeit mit so viel Sinnlosigkeit konfrontiert werden.

Vollendung ist der Titel dieses Buches. Doch was wird vollendet?

Offensichtlich ist, dass wir am Ende einer Epoche angelangt sind und dass etwas Neues beginnt. Genauso klar ist, dass immer mehr Menschen aufwachen und sich aus dem Spiel nehmen.

Die jetzt stattfindende Transformation birgt aber auch Sorgen in sich und fördert Ängste:

- Wie mit Ängsten umgehen?
- Was ist mit der Corona-Impfung?
- Kann unsere Seele Schaden nehmen?

MEISTER ST. GERMAIN sagt dazu: *„Hüte deine Seele wie deinen Augapfel, denn du siehst nur mit der Seele wirklich gut."*

Ausführlich kommen diese Umstände zur Sprache und es wird deutlich, wie wir uns verhalten können.

Immer wieder werden wir daran erinnert, wie mächtig wir sind und dass wir nur zum richtigen Zeitpunkt JA oder NEIN sagen müssen! Jedes Spiel funktioniert nur so lange wir mitspielen. Es ist für mich ein wahres Wunder, dass immer weniger Menschen mittun.

„Das Spiel geht vorerst weiter und endet so plötzlich wie es begann", sagte uns MAHAVATAR BABAJI in der Neujahrsbotschaft: „Was geschieht 2021". [1]

Aus heutiger Sicht (ich schreibe dieses Vorwort am 8. 4. 2021) scheint das noch in weiter Ferne zu sein. Doch wenn ich daran denke, wie rasch sich derzeit alles verändert und wandelt, dann bin ich voller Zuversicht. Was mich noch positiv stimmt, ist, dass immer mehr Menschen ihren Beitrag für ein friedvolles Miteinander leisten. Ich bin überzeugt, dass es nicht mehr lange dauern wird, bis die ganze Illusion dieser Matrix in sich zusammenkracht.

Dieses Buch berührt auch dieses Thema und weitere spannende Bereiche im Kontext dieser abenteuerlichen Zeit.

In 32 Gesprächen mit den Aufgestiegenen Meistern, den Erzengeln und mit Gott selbst werden wichtige Fragen aufgeworfen und erhellende Antworten gegeben:

- Warum ist dieses Theater überhaupt notwendig und werden wir alle mit einer Impfpflicht konfrontiert?
- Wie können wir Schaden von uns abwenden?

Es ist nicht zu übersehen, wie die alten Herrschaftssysteme um ihr Überleben kämpfen. Deshalb werfen sie alles in die Schlacht. Die Offenheit, mit der sie uns Menschen erklären, wohin die Reise gehen soll, ist unsere große Chance zum Aufwachen! Das große Erwachen wird immer anziehender für die Menschen.

Warum aber muss alles so auf die Spitze getrieben werden? Die Antworten dazu finden Sie in diesem Buch.

Der Themenbogen ist breit gefächert und dem Titel dieses Buches angemessen:

- Gleich zu Beginn erhalten wir Kenntnis darüber, wie das Spiel gedreht wird und warum die Neue Weltordnung scheitern wird.
- Wie wir mit Stimmungsschwankungen umgehen können, ist eine weitere wichtige Botschaft. Denn während des Übergangs in unsere neue lichtvolle Wirklichkeit kann es turbulent werden – und wir sehen dies gerade: Es ist turbulent!
- Wann Satan weicht und was es mit der „Messias-Täuschung" auf sich hat, erfahren wir in weiteren Kapiteln.

- Dass die Erde der 3. Dimension aufgegeben wird und wie das vonstattengeht, wird ebenso besprochen wie der Umstand, dass Ängste natürlich sind und immer wieder auftreten können.

Der Wandel ist nämlich keine Kleinigkeit und fordert uns ganz! Das betrifft mich genauso wie Sie, lieber Leser – es betrifft uns alle, die wir mitten im Leben stehen. Insofern erleben Sie in diesem Buch auch mich selbst, wie ich mit den täglichen Herausforderungen ringe und sie zu meistern versuche.

Immer wieder finden Sie in diesem Werk neue Ankerplätze und sie werden von den Meistern liebevoll eingeladen, weiter an sich selbst zu arbeiten. Sorgen lösen sich auf, sobald man zu den richtigen spirituellen Werkzeugen greift. In diesem Buch werden solche praktischen Hilfestellungen gegeben. Auch die Partnerschaft, Familie, Kinder und Tiere sind Themen, die eingehend betrachtet werden:

- Wie ist das Leben zwischen unseren Leben?
- Machen wir Urlaub auf der Erde und gibt es Sex im Himmel?

In diesem 10. Band der Meisterdialoge vollendet sich ein Zyklus der Menschheit. Es ist der Prozess, der bei vielen Menschen vor Jahren mit der eigenen Transformation begonnen hat und der jetzt zum Umbau der ganzen Menschheit führt. Unsere jahrelangen Anstrengungen wirken sich aus, denn jeder Einzelne von uns gestaltet die Welt jetzt mit.

Jeder Einzelne von uns ist der Ozean und ist nicht nur ein Tropfen.

Wir sind so viel mehr als das, was wir glauben zu sein. Auch diese Wahrheit lächelt dir in diesem Buch Zeile für Zeile entgegen. Vollendung heißt, bei sich selbst angekommen zu sein und sich selbst vollständig angenommen zu haben. Es ist eine Reise, die viele Menschen schon angetreten haben und die einige von uns jetzt vollenden.

In Demut und Freude darf ich durch dieses Buch einen Beitrag dafür leisten, denn alles erfüllt sich, wenn ein jeder das Seine dazu beiträgt.

Wie sagt es MEISTER ST. GERMAIN im letzten Gespräch dieses Buches so schön: *„Alles vollendet sich auf vollendete Weise. Die Wahrheit wird sichtbar im göttlichen Licht und die Herzen der Menschen finden Heilung in der göttlichen Liebe. Der göttliche Plan erfüllt sich auf dieser Erde. Alles ist gesagt."*

Von Herzen
JAHN J KASSL

„Wir drehen das Spiel! Das ist die Reise, die uns jetzt bevorsteht."

JESUS CHRISTUS

WIR DREHEN
DAS SPIEL!

JESUS CHRISTUS

ALLES SPITZT SICH ZU!
ZEITGESCHEHEN DIENT DEM ERWACHEN
SICHTBARE ZERFALLSERSCHEINUNGEN

3. NOVEMBER 2020

ALLES SPITZT SICH ZU!

JJK: „Alles spitzt sich zu", hieß es am 1.11.2020 von JESUS CHRISTUS im Abschlussgespräch für das Buch „ERLÖSUNG", den 9. Band der Meisterdialoge[2], und gestern, am 2.11.2020, schießt ein Gewalttäter wahllos auf Menschen in der Wiener Innenstadt. Politiker und Medien sprechen von einem Terroranschlag. Vier Menschen finden den Tod und über zwei Dutzend Menschen werden zum Teil schwer verletzt. Dieser Gewaltakt fand in rund 200 Meter Luftlinie, also in unmittelbarer Nähe, vom Wohnort meiner Familie in Wien statt und die ganze Nacht über hörten wir die Sirenen von Polizeiautos heulen. Heute, am Tag danach, besuche ich den Tatort.

Die Stimmung ist beklemmend. Kränze wurden niedergelegt und Kerzen im Gedenken an die Opfer angezündet. Die „Tatortsicherung", wie es im Fachjargon heißt, scheint abgeschlossen zu sein. Denn gerade als ich eintreffe, beginnt die Polizei die Absperrungen aufzuheben.

Während Fernsehstationen aus aller Welt vom Ort des Geschehens berichten, beobachte ich, wie bei den Aufräumarbeiten Blut vom Pflaster eines mir sehr gut bekannten Szenelokals, das ich vor vielen Jahren selbst gerne frequentierte, gewaschen wird. Mir kommt der Gedanke: Ist das mit „Zuspitzung" gemeint?

JESUS CHRISTUS: Wir setzen dort fort, wo wir für das Buch ERLÖSUNG geendet haben.

Ich umfange jeden Menschen jetzt mit meiner Liebe und mit dem Segen Gottes, des EINEN, der da ist allgegenwärtig.

In der Tat, so geschieht es, dass jetzt auf allen Ebenen Entladungen stattfinden, die große Umbrüche auslösen. Das Rad der Zeit dreht sich schneller und schneller, bis es abrupt stehen bleibt. Der Tag, an dem sich ein jeder Mensch zum letzten Male für die Liebe oder für den Hass entscheiden kann, ist nahe.

Geliebte Menschen,

die Lage auf der Erde ist für euch sehr herausfordernd. Tag für Tag steht ihr vor Situationen, die euer Gottvertrauen prüfen. Wie tief bist du in dir selbst und im Gottvertrauen verankert? Was bringt dich aus der Ruhe, was löst dich aus der inneren Mitte – und für wie lange? Wodurch erwachsen Zweifel in dir und Unfrieden?

Bei allem, was jetzt geschieht, kommt es darauf an, dass du immer tiefer in die Gottesliebe und Selbstliebe einsteigst.

Jedes Ereignis, das in dir einen Schock auslöst oder das Ängste in dir hervorruft, verlangt von dir, nach Lösungen zu suchen und nach Heilung zu streben.

Niemand kann seine Meisterprüfung in der Theorie erwerben, sondern es ist die spirituelle Praxis aus der ein Mensch als Schmied seines Schicksals hervorgeht.

JJK: Was mir auffällt, ist, dass diese „Attentate" immense Ängste in den Menschen auslösen. Die Stadt war heute wie leergefegt! Die Medien befeuern diese Ängste, indem sie rund um die Uhr in einer unglaublichen Penetranz darüber berichten. Von der Corona-Müdigkeit der Menschen redet keiner mehr. Die Stimmung, die aufgrund der Corona-Maßnahmen allmählich gegen die Regierung kippt, ist auch kein Thema mehr. Die Ablenkung ist gelungen, könnte man rückschließen. Die Menschen sind so leicht, vor allem aber mit der Angst, zu dirigieren – und Angst dient immer dem Machterhalt der Mächtigen. Immer wenn eine Regierung an Zustimmung verliert, ist eine nationale Krise das beste Mittel – um die Menschen wieder hinter der Regierung zu versammeln – oder ein Krieg wie im äußerst gelungenen Film „Wag the Dog". False Flag-Attacken sind nicht nur populär, sondern auch legendär. Der Historiker Dr. Daniele Ganser leistet diesbezüglich seit Jahren sehr wertvolle Aufklärungsarbeit, in die es sich jedenfalls zu vertiefen lohnt, so man die gesellschaftspolitische Entwicklung der Menschheit besser verstehen möchte.

Ich sage nicht, dass es in Wien so war, doch dass der im wahrsten Sinne des Wortes „ver-rückte" Attentäter einfach wahllos in die Menschenmenge feuert, ist für ferngesteuerte „Schläfer" oft typisch. Ich frage mich, ob die Menschen durch solche Ereignisse, die sie zunächst auf jeden Fall schockieren, munterer werden – oder ob das die Menschen auf lange Sicht nur noch mehr verängstigt?

JESUS CHRISTUS: Beides! Es liegt am einzelnen Menschen, was er daraus macht und welche Schlüsse er aus einer solchen Dramaturgie ableitet.

ZEITGESCHEHEN DIENT DEM ERWACHEN

Jemand, der gewohnt ist, mit sich zu arbeiten, in sich selbst zu schauen, und der achtsam ist, der zieht sofort seine richtigen Schlüsse – im persönlichen wie im gesellschaftspolitischen Sinne. Jemand, der von Grund auf verängstigt ist und sehr viele unerlöste Ängste mit sich trägt, verfällt noch tiefer in diese Ängste und macht innerlich komplett dicht.

Gemessen an der Menschheit insgesamt, wachen immer wieder Menschen, genau aufgrund solcher Ereignisse, auf.

Es werden also immer mehr, die durch das Zeitgeschehen aufgeweckt werden – und genau das soll damit erreicht werden.

JJK: Corona ist ja auch noch ein großes Thema, das heißt, die Ängste werden ja derzeit fast schon inflationär geschürt, sodass die Menschen aus dieser Angstspirale gar nicht mehr herausfinden ...

JESUS CHRISTUS: *Ängste in Liebe umzuwandeln und dem Hass, der dir entgegenschlägt, mit Vergebung zu begegnen, das ist die Übung, um die es jetzt geht, das ist der einzige Kampf, für den sich jeder Einsatz lohnt.*

SICHTBARE ZERFALLSERSCHEINUNGEN

Diese Matrix entwickelt immer sichtbarere Zerfallserscheinungen. Das ist die Wahrheit! Das Licht wirkt überall hinein und nichts kann mehr verborgen werden. Diese Tendenz wird weiterhin zunehmen und die Ereignisse, die die Umbrüche schließlich bedingen, müssen es in sich haben, damit sich am Ende etwas ändern kann. Das Licht setzt sich durch und offenbart sich in der Finsternis.

JJK: Es ist das erste Gespräch für den 10. Band der Meisterdialoge.

Wohin wird uns die Reise während der nächsten Monate, in denen dieses Buch entsteht, führen?

JESUS CHRISTUS: Einen großen Schritt zur Klarheit für immer mehr Menschen…

Am Ende kommen wir der Trennung der Welten wieder ein großes Stück näher. Wir arbeiten uns vor, Schritt für Schritt, und das heißt:

Wir arbeiten uns durch diese Zeit hindurch, indem wir negativen Ereignissen eine positive Richtung geben.

Wir drehen das Spiel! Das ist die Reise, die uns jetzt bevorsteht.

Ich segne dich mit meiner Liebe!
Ich bin bei dir zu jeder Zeit!

JESUS CHRISTUS

„Der Wandel ist ein Abenteuer
und ihr seid Abenteurer,
sonst wäret ihr nicht hier."

BABAJI

WIE MIT STIMMUNGS-SCHWANKUNGEN UMGEHEN?

BABAJI

HOCHSCHAUBAHN VON GEFÜHLEN
AMERIKA VOR ZERREISSPROBE
„DAS EREIGNIS"

5. NOVEMBER 2020

HOCHSCHAUBAHN VON GEFÜHLEN

JJK: Ich bin den ganzen Tag über unendlich traurig, ich glaube, ich bin schon traurig aufgewacht! Woher kommt diese Trauer?

BABAJI: Das Kommende bereitet dir Unbehagen und während unseres Gespräches wirst du Klarheit und Festigkeit zurückerlangen. Viele Menschen befinden sich derzeit auf einer Hochschaubahn von Wahrnehmungen, Eindrücken und Gefühlen. Nicht immer ist es möglich, zentriert, in der Mitte und bei sich selbst zu bleiben.

JJK: Als ich bei meinem Waldspaziergang einen großen Baum umarmte, ging es mir augenblicklich besser …

BABAJI: Und das ist zugleich schon eine Lösung für dunkle Stimmungen, die du vom Äther einfängst und die derzeit eine große Ausbreitung erfahren.

Wie also mit solchen Stimmungsschwankungen umgehen?

Zuerst ist es wichtig, sich selbst dafür nicht anzuklagen. „Was stimmt mit mir nicht" ist der falsche Zugang. Vieles muss einfach vollständig angenommen werden und vieles vergeht so, wie es gekommen ist. Lernt bitte von nun an natürlicher mit euren Stimmungen umzugehen.

Es ist natürlich, dass ihr vom Lauf der Zeit mitgerissen werdet. Wer mitten im Leben steht, ist kein Eremit und vielen Einflüssen ausgesetzt.

Liebt euch für diesen Dienst und liebt euch für das Leben, das ihr gewählt habt. Liebt euch vor allem dann, wenn ihr schlechter Laune seid, wenn ihr Trauer fühlt und wenn ihr Ängste aufnehmt, gleich, auf welche Weise.

Heute ist es nahezu unmöglich, immer in seiner Mitte zu bleiben. Macht eure spirituellen Übungen, doch bleibt entspannt, wenn ihr manchmal aus dem Tritt geratet. Es vergeht wie Morgennebel.

JJK: Aber was beschäftigt mich heute?

AMERIKA VOR ZERREISSPROBE?

BABAJI: Die globalen Entwicklungen mit Hinblick auf die Präsidentschaftswahlen in Amerika…
Ich sage allen Menschen:

Sorgt euch nicht, denn gleich wer am Ende die Präsidentschaft in den USA erlangt, der Umbruch der ganzen menschlichen Gesellschaft und die Entwicklung eines Teils der Menschheit auf eine positive Zeitlinie bleiben unangetastet.

JJK: Mich sorgen vor allem die wahrscheinlichen Unruhen, die in den USA ausbrechen und die sich dann auf die ganze Welt übertragen könnten. Derzeit ist alles so angespannt: vor ein paar Tagen der Wien-Terror, Corona noch immer und jetzt die Wahlen in Amerika, die dieses Land noch tiefer spalten und vor eine Zerreißprobe stellen.

BABAJI: Es ist angespannt, bis die Saite des Bogens reißt – und die Saite wird und muss reißen.

Von den Kräften der Lieblosigkeit wird immer mehr Öl ins Feuer gegossen, so lange, bis der Bogen überspannt und deren Ende gekommen ist.

Derzeit befinden wir uns in der Situation, dass der Druck auf dieses alte System derart erhöht wird, bis es kollabiert. Aus diesem Zusammenbruch wird sich die Neue Erde herauslösen, während die Erde, so wie ihr sie heute kennt, für die, die das Licht meiden, bis zu einem gewissen Grad erhalten bleibt.

„DAS EREIGNIS"

JJK: Viele sprechen von einer Neuen Weltordnung im negativen Sinne, die aufoktroyiert werden soll?

BABAJI: Es geschieht, was du gewählt hast. Die Erde und die Menschen werden getrennt. Was den Einen der Aufstieg ist für die Anderen der Abstieg. Das ist DAS EREIGNIS, von dem mehrere Quellen sprechen und auf das diese Erde zusteuert.

Alles, was jetzt geschieht, führt zu diesem Split – und das kann beunruhigend sein, so man Ereignisse, die diesen Split auslösen werden, kommen sieht. Das ist das Gefühl, was in dir heute und was in vielen Menschen, die feinfühlig sind, immer wieder aufkommt. Deshalb sorgt euch nicht!

Der Wandel ist ein Abenteuer und ihr seid Abenteurer, sonst wäret ihr nicht hier.

Abschließend für dieses unser heutiges Beisammensein lade ich jeden Menschen ein, sich an mich zu wenden, wenn es schwierige Situationen zu meistern gilt.

BABAJI ist bei dir und für dich da!
Ich trage dich mit deinen Lasten.

BABAJI

„Die ‚Neue Weltordnung' kann
und wird es mit ‚aufgeweckten'
Menschen nicht geben!
Was geschieht, ist die Etablierung
der göttlichen Ordnung auf
der Neuen Erde – im Sinne
der Liebe zu allem Leben."

SANANDA

„NEUE WELTORDNUNG" ADE!

TEIL 1

SANANDA

EIN WUNSCHTRAUM?
UMKEHR IST IMMER MÖGLICH
US-WAHLEN
ETABLIERUNG DER GÖTTLICHEN ORDNUNG

7. NOVEMBER 2020

EIN CORONA-WUNSCHTRAUM?

JJK: Ich hatte heute zwei kurze aber interessante TRÄUME: *Zuerst erklärt Österreichs Bundeskanzler Kurz in einer Pressekonferenz, bei der auch ich anwesend bin, dass er sich bei Corona wohl geirrt hätte und dass die „Covid-Idioten" wohl recht behielten. Dabei lacht er ganz verschmitzt in meine Richtung, so, als würden wir uns gut kennen. Danach treffe ich den Finanzminister. Ich frage ihn: „Alles im GRÜNEN?", worauf wir beide unisono erwidern „Alles im TÜRKISEN!" (das ist die Parteifarbe der Österreichischen Volkspartei (ÖVP), Anm. JJK) und herzlich lachen. Danach erläutere ich ihm, dass ich Kurz seit Corona nicht mehr unterstütze, da seine Corona-Politik eine Katastrophe sei.* (TRAUM ENDE)

Was hat mir das zu sagen? Ein Wunschtraum?

SANANDA: Das waren zwei Begegnungen auf feinstofflicher Ebene. Du hast mit feinstofflichen Seelenaspekten von beiden gesprochen, so, wie du das regelmäßig mit anderen Wesenheiten bei deinen nächtlichen Ausflügen tust.

JJK: Was macht das hier für einen Sinn? Beide Politiker sind aus meiner Sicht innerlich zu wie eine Auster und spüren gar nicht, was ihre Politik anrichtet.

SANANDA: Der Sinn ist es, mentalen und emotionalen Starrsinn aufzuweichen. Das führt in der Folge zu einer anderen Politik. Niemand ist verloren, niemand geht verloren, solange er noch irgendwie erreichbar bleibt. Dieser Traum zeigt dir das.

JJK: Heißt das, dass Kurz an seiner Corona-Politik zweifelt und womöglich eine Umkehr schafft?

SANANDA: *Zweifel, wo Zweifel angebracht sind, können eine positive Entwicklung begünstigen.*

Es wohnen mehrere Seelen in dieser Wesenheit und sie führen einen Wettstreit. Es herrscht große Zerrissenheit und Unsicherheit in diesem Wesen, da es mit dem Druck, der jetzt herrscht, emotional nicht umgehen kann. Vieles muss übergangen oder verdrängt werden, damit äußerlich die Souveränität aufrechterhalten werden kann.

UMKEHR IST IMMER MÖGLICH!

Was deinen Traum betrifft, so zeigt dies auf, dass immer eine Umkehr möglich ist und dass viele Politiker, die ungünstige oder sogar schädliche Maßnahmen treffen, auf feinstofflicher Ebene bearbeitet werden und auf dieser Ebene durchaus auch selbst an sich arbeiten.

JJK: Ist also eine Umkehr möglich?

SANANDA: Was zuerst erreicht werden soll, ist ein Zugang zu sich selbst. Wer sich selbst spürt, der fühlt auch, was Politik mit den Menschen macht und besinnt sich eines Besseren. Hier wird mit vielen Staatenlenkern, so sie noch nicht vollständig von den Kräften der Täuschung übernommen wurden, gearbeitet. Diese Traumbilder vermitteln dir einen Eindruck davon, dass viel geschieht, was dem Auge verborgen bleibt. Eine Umkehr ist immer möglich.

US-WAHLEN

JJK: Ich möchte gerne noch das Thema der Wahlen in den USA ansprechen. Das Rennen um die US-Präsidentschaft ist ja sehr spannend und es wird immer offensichtlicher, dass hier einiges nicht mit rechten Dingen zugeht. Wie wird das ausgehen und was hat das für eine Bedeutung für die Welt?

SANANDA: In diesen Tagen könnt ihr das Ringen um die Menschheit in Amerika gut beobachten. Ich sage euch:

Gleich, wer die Präsidentschaft erringt, das Ende kommt für manche mit Schrecken und für andere ohne Schrecken.

Doch das Ende dieser Welt ist besiegelt und die Neue Erde erwartet jene, die hier ihren Dienst vollenden.

Betrachtet alles, was jetzt kommt, als logische Folge von Entwicklung – von der Entwicklung, die viele Menschen in den letzten Jahren vollzogen haben: von einem unbewussten zu einem bewussteren, von einem lieblosen zu einem liebevollen und von einem friedlosen zu einem friedfertigen Menschen. Das ist es, was jetzt zählt.

Die Wahl in den USA zeigt die Abgründe jener auf, die diese Wahl verfälschen, und es zeigt nicht das Scheitern jener, die im besten Bestreben das Wohl der Menschen und des Landes im Auge behielten.

Die, die dem Lichte nahe und der Wahrheit zugeneigt sind, werden am Ende immer siegreich aus den Konfrontationen, die jetzt auf unterschiedlichen Ebenen stattfinden, hervorgehen. Verbreitet die frohe Kunde:

ETABLIERUNG DER GÖTTLICHEN ORDNUNG

Die „Neue Weltordnung" kann und wird es mit „aufgeweckten" Menschen nicht geben! Was geschieht, ist die Etablierung der göttlichen Ordnung auf der Neuen Erde – im Sinne der Liebe zu allem Leben.

Das erwartet dich, dich, der du auf die Erde in der 5. Dimension aufsteigen wirst.

Deshalb verstärke deine Bestrebungen, Licht in dein Herz zu bringen. Erleuchte dein unerleuchtetes Wesen und du wirst sehen, was du bist und wohin dich diese Reise führt.

In Liebe deine Aufträge leben und Liebe dir selbst und den Menschen geben, bis die Trompeten Gottes erklingen, ist der Sinn des Lebens.

Gott ist mit dir und mit allen Menschen.
Gott ist allgegenwärtig auf dieser Erde.

Ich bin SANANDA

„Ich bin der Weg, die Wahrheit
und das Leben. Ich bin
die Liebe und das Licht.
Ich bin das ICH BIN."

AUS DEM SEIN

GEBET FÜR UNSERE POLITIKER UND FÜR UNS SELBST!

AUS DEM SEIN

GEBET DER GNADE

9. NOVEMBER 2020

Dieses „Gebet der Gnade" ist, während wir es für einen oder mehrere Verantwortliche unserer Wahl aus Politik, Religion, Wirtschaft oder Kultur sprechen, immer auch ein Gebet für uns selbst. Das heißt, Sie können dieses Gebet auch gänzlich für sich selbst sprechen.

GEBET DER GNADE

Ich bitte Gott, den Vater, die Mutter allen Lebens, die Urquelle allen Seins für... (hier den Namen angeben):

- Gib ihm/ihr die Kraft für den Weg der Wahrheit.
- Gib ihm/ihr die Weisheit für den Weg der Liebe.
- Gib ihm/ihr den Mut für den Weg des Lichts.
- Gib ihm/ihr Mitgefühl, damit er/sie sehen kann, was die Menschen in unserem Land wirklich brauchen.
- Gibt ihm/ihr ein offenes Herz, damit er/sie fühlen kann, was seine/ihre Entscheidungen bewirken.
- Gib ihm/ihr die Liebe zu den Menschen, damit er/sie den Menschen in Liebe dienen kann.
- Gib ihm/ihr das Verständnis über die spirituellen Konsequenzen schädlichen Handelns, damit er/sie zurückweicht, wenn Egoismus der Antrieb ist für Entscheidungen.
- Gib ihm/ihr Selbstvertrauen und Gottvertrauen, damit er/sie sich vom Bösen ab- und dem Guten zuwenden kann.

- Gib ihm/ihr DEINE Gnade, damit er/sie aufwachen, sehen und erkennen kann.

Ich bitte Gott, den Vater, die Mutter allen Lebens, die Urquelle allen Seins, jetzt für mich:

- Gib mir die Kraft, allen zu vergeben, die in Blindheit oder aus Unwissen mich oder die Mitmenschen verletzen. Ich bin jetzt bereit, dort, wo ich ungeliebt bin – und jene, die mich ablehnen – bedingungslos zu lieben.

Ich bin der Weg, die Wahrheit und das Leben.
Ich bin die Liebe und das Licht.
Ich bin das ICH BIN.

ICH DANKE GOTT FÜR DIESE GNADE.

„Das meiste, was sich jetzt dunkel ankündigt, wird mitten in der Umsetzung scheitern!"

SANANDA

„NEUE WELTORDNUNG" ADE!

TEIL 2

SANANDA

WANN IST LAND IN SICHT?
BLEIBT IM GOTTVERTRAUEN!
DAS BÖSE VERZEHRT SICH SELBST!
WOHIN LENKST DU DEINE AUFMERKSAMKEIT?
IMPFUNGEN WERDEN WIRKUNGSLOS, WENN…

18. NOVEMBER 2020

WANN IST LAND IN SICHT?

JJK: Seit unserem letzten Gespräch sind 11 Tage vergangen und die Stimmung in unseren Breiten wird immer verrückter – aber auch belastender. Vor allem in den Städten kann ich die extremen Ängste der Menschen geballt wahrnehmen: entweder ist es das Virus oder es sind die Maßnahmen der Regierenden, vor denen sich die Menschen fürchten. Es schaukelt sich förmlich auf – die Gesellschaft war noch nie so gespalten wie jetzt. Die unterschiedlichen Meinungen zu Corona zerstören sogar Familien oder Freundschaften. Die Angst scheint immer mehr Menschen zu lähmen oder sie durchdrehen zu lassen. Wie lange geht das jetzt so weiter oder wann ist Land oder Licht in Sicht?

SANANDA: Es muss sich zuspitzen, denn ohne diese Zuspitzung, die direkt in das Leben eingreift, fühlen sich die meisten Menschen nicht aufgerufen, selbst zu denken oder selbst zu erforschen, was und warum was auf dieser Welt geschieht. Die meisten Menschen sind unglaublich träge im Denken, „wahrnehmungsscheu" bei dem, was sie wirklich fühlen, und sie schieben überfällige Entscheidungen immer wieder auf. Diese Trägheit wird jetzt aufgebrochen.

JJK: Mit Gewalt, wie mir scheint.

SANANDA: Mit unglaublichem Nachdruck, ja! So, dass es auch bemerkt wird.

JJK: Auch für mich ist es oft eine echte Herausforderung, die Zuversicht immer zu behalten, vor allem dann, wenn ich sehe, dass jetzt alles auf die „Neue Weltordnung" im negativen Sinne hinweist. Bald soll die ganze Menschheit einen Gesundheitspass haben und nur damit reisen dürfen. Bist du geimpft, darfst du am Leben teilhaben, anderenfalls hast du Pech gehabt. Gerade jetzt, da ein Land nach dem anderen einen Lockdown ausruft, fühlt man förmlich an der eigenen Haut, wie sich das Eingesperrtsein anfühlt, was Unfreiheit bedeutet und wohin das noch führen kann. Unsere Regierungen gehen einfach nicht vom Gas.

Dass Österreichs Bundeskanzler Kurz, wie im geschilderten Traum des ersten Teils unseres Gespräches, eine Umkehr seiner fatalen Corona-Politik schafft, scheint weiter entfernt als je zuvor. Gezielt wird alles zerstört, damit aus diesem Chaos heraus das hier Beschriebene umgesetzt werden kann. Auch das ist eine Angst, die jetzt immer mehr Menschen verspüren – manche bewusst, andere wiederum diffus.

Wie ist diesen Menschen jetzt zu helfen, was kannst du diesen Menschen an dieser Zeitmarkierung sagen?

BLEIBT IM GOTTVERTRAUEN!

SANANDA: Bleibt im Gottvertrauen! Das ist die Botschaft. Es geschieht, dass sich alles umgestaltet, dass das Alte zerbricht und etwas Neues entsteht.

Während des Umbruchs können immer wieder Phasen auftreten, in denen du dich desorientiert, entmutigt oder kraftlos fühlst. Heute ist es für die meisten Menschen schier unmöglich, ständig in ihrer Mitte und Kraft zu bleiben. Allen Menschen, die sich Sorgen machen wegen dieser Entwicklungen, sage ich:

Bleibt im Gottvertrauen! Sucht immer wieder nach der Quelle in eurem Inneren. Lasst im außen geschehen, was jetzt geschehen muss. Damit sich etwas zum Guten verändern kann, muss alles, was ungut ist, aufgelöst werden.

JJK: Das „neue NORMAL" ist ja genauso wenig attraktiv wie das „alte NORMAL"?

SANANDA: Der Natur des Menschen, der Natur der Schöpfung und der Natur Gottes entsprechend zu leben, das ist NORMALITÄT – und dahin bewegen wir uns mit jedem neuen Drama, das sich heute zeigt und das am Ende erlöst wird.

Auch wenn es scheint, als gewännen die dunklen Kräfte die Oberhand, so ist das eine grobe Täuschung. Am Ende wird sich das Böse selbst aufzehren. So verhält es sich mit jeder destruktiven Energie und Kraft. Alle Wesenheiten, die unter der Macht des Bösen stehen, löschen sich am Ende selbst aus.

DAS BÖSE VERZEHRT SICH SELBST!

Was ihr heute schon beobachten könnt, ist, dass die dunklen Mächte nicht nur einen Krieg gegen die lichten Mächte führen, sondern dass sie zunehmend unter ihresgleichen uneins sind. Diese Auseinandersetzung wird in der kommenden Zeit weiter zunehmen, das heißt, den Krieg, den diese Mächte zu euch tragen wollen, den werden sie in ihren eigenen Reihen auslösen und auszutragen haben.

Das Ende kommt, aber nicht für die lichten, liebevollen und gutgesinnten Menschen, sondern für die, die diesen letzten Kampf entfacht haben.

Für den einzelnen Menschen geht es jetzt und in nächster Zukunft allein darum, orientiert zu bleiben.

WOHIN LENKST DU DEINE AUFMERKSAMKEIT?

Dafür gilt es die Ereignisse im außen mit Distanz zu betrachten, das heißt, ihnen nur die Energie zu schenken, die sie für deine Wahrnehmung brauchen. Beschäftige dich niemals lange mit der Finsternis, die dich zu umgeben scheint, sondern tauche immer länger in das Licht ein, das dir täglich vom Himmel zufließt. Lenke deine ganze Aufmerksamkeit auf Gott! Gott ist die Lösung für alles.

Sobald du dich ganz auf Gott einlässt, regelt Gott deine irdischen als auch die transzendenten Angelegenheiten. Gott ist dein Anker in dieser Zeit – nur darauf kommt es jetzt für dich an!

JJK: Was aber soll man machen, wenn die Zwangsimpfung kommt? Wie soll man den Kindern dabei helfen?

SANANDA: Erneut sage ich euch: „Bleibt im Gottvertrauen!" Es gibt für jede Situation eine Lösung. Der Himmel eilt jedem Menschen zu Hilfe, der mit diesem Thema befasst ist und der diese Intervention entschieden ablehnt. Achtet bitte darauf, dass viele von euch für diesen Impfstoff unempfänglich sind – er ist wirkungslos.

IMPFUNGEN WERDEN WIRKUNGSLOS, WENN ...

Jeder Eingriff, sei es auf feinstofflicher oder auf grobstofflicher Ebene, benötigt das innere Einverständnis des Menschen. Menschen, die ihren freien Willen anwenden und die verfügen, dass sie keine Impfung wollen, bleiben von der Wirkungsweise unerreicht. Negatives kann sich nur dort ausbreiten, wo ein Mensch sein Einverständnis gibt.

Sei es aus Angst oder aus Unwissen – dein JA oder NEIN ist entscheidend. Du sollst wissen: Selbst der finsterste Magier hat sich nach dem freien Willen des Einzelnen zu richten.

JJK: Das heißt, am besten ist, die Impfung auf allen Ebenen zurückzuweisen. Wenn man aber genötigt wird, haben wir einen Schutz. Jetzt stellt sich die Frage:

Viele Menschen müssen ja aufgrund ihrer Arbeit mit dem Flugzeug fliegen – oder Ärzte, Lehrer und Beamte werden ja zuerst in den zweifelhaften Genuss einer Impfung kommen. Die müssen sich dann, ob sie es wollen oder nicht, ja impfen lassen. Gilt hier auch der Schutz?

SANANDA: **Jeder Mensch muss zuallererst in sich selbst für Klarheit sorgen und das heißt auch, ein jeder Mensch muss gegebenenfalls auch bereit sein, Dinge aufzugeben.**

Entscheidend ist, dass du vollkommen ehrlich mit dir selbst umgehst. „Passt meine Arbeit noch zu mir?", ist in diesem Falle eine berechtigte Frage. Wenn du keinen Ausweg mehr weißt, dann helfen dir der Himmel und wir, die wir in unendlicher Zahl vom Himmel zu den Menschen auf die Erde kommen.

Dort, wo sich die menschliche Weisheit erschöpft, dort beginnen wir mit der Arbeit. Wir haben den Überblick über das ganze Geschehen. Der, der Gott liebt, wird innerlich geführt und für den ist alles vom Himmel orchestriert.

JJK: Das heißt, bei manchen Menschen ist die Impfung völlig wirkungslos?

SANANDA: Das ist eine Tatsache. Je mehr Menschen sich innerlich auf den Pfad der Freiheit begeben und anstatt der Angst die Liebe wählen, desto wirkungsloser sind alle negativen Mechanismen, die jetzt zur Anwendung kommen sollen.

Ich sage euch: Das meiste, was sich jetzt dunkel ankündigt, wird mitten in der Umsetzung scheitern! Deshalb: Bleibe im Gottvertrauen! Der Himmel begleitet diesen Umbruch in das lichte Zeitalter. Denn auch wenn jetzt dunkle Gewitterwolken aufziehen, das Licht dahinter bleibt davon unberührt.

Habt Geduld und bleibt in der Liebe. Haltet durch im Gottvertrauen!

Ich bin und ich bleibe bei dir. Gemeinsam gehen wir dem Licht entgegen, denn die Welt des Friedens wird von dir und mir zugleich erreicht.

SANANDA

„Selig ist der Mensch und gepriesen ist seine Menschlichkeit. Selig bist du!"

JESUS CHRISTUS

SELIG UND GEPRIESEN IST DER MENSCH!

JESUS CHRISTUS

19. NOVEMBER 2020

44 SELIGPREISUNGEN

Selig, die jetzt bei sich selbst bleiben.
Selig, die jetzt in Gott verankert sind.
Selig, die jetzt vertrauen und lieben.

Selig, die jetzt Zuversicht ausstrahlen.
Selig, die jetzt Mitgefühl üben.
Selig, die jetzt der Liebe den Vorzug geben.

Selig, die jetzt menschlich bleiben.
Selig, die jetzt selbst denken.
Selig, die jetzt Schmerzen und Freude gleichsam fühlen.

Selig, die immer tiefer in ihr Inneres steigen.
Selig, die immer mehr ihr Herz öffnen.
Selig, die begreifen, dass sie unendlicher Geist sind.

Selig, die den Tod überwinden.
Selig, die die Wahrheit suchen.
Selig, die voller Sehnsucht sind.

Selig, die die Zeit nutzen.
Selig, die im Kleinen das Große sehen.
Selig, die dort sind, wo sie sein sollen.

Selig, die mit den Engeln leben.
Selig, die mit den Meistern arbeiten.

Selig, die durch Gott erkennen.

Selig, die Freude aussenden.
Selig, die das Friedensreich betreten haben.
Selig, die ein einfaches Leben führen.

Selig, die wissen, wer sie sind.
Selig, die ihre Aufträge kennen.
Selig, denen sich der Sinn des Lebens enthüllt.

Selig, die heimkehren und sich auf die Heimkehr vorbereiten.
Selig, die sich selbst erkennen und die erkannt werden.
Selig, die gerufen werden.

Selig, wer sich aufmacht zu Gott.
Selig, wer bereit ist für Gott.
Selig, wer sich selbst begegnet.

Selig, wessen Licht leuchtet.
Selig, wer seine Liebe verschenkt.
Selig, dessen Glaube Berge versetzt.

Selig bist du, der du den Lauf der Zeit verstehst.
Selig bist du, der du erfüllt bist in deinem Leben.
Selig bist du, der du von Gott angeleitet bist.

Selig bist du, der du von deinem Herzen geführt wirst.

Selig bist du, der du diese Welt kennst.
Selig bist du, der du doch nicht von dieser Welt bist.

Selig ist der Mensch und gepriesen ist seine Menschlichkeit.

Selig bist du!

JESUS CHRISTUS

„Die Zeit, auf die du wartest, kommt niemals, es sei denn, du verwirklichst das, worauf du wartest, in dir selbst."

BABAJI

GEDULD VERWANDELT DICH IN LIEBE

BABAJI

DAS NEUE
DIE GROSSE SHOW
DIE PRÜFUNG
DIE GROSSE REINIGUNG
3 SCHRITTE ZUR GEDULD
WILLENSBEKUNDUNG
WIE ES IST, IST ES GUT!
AM ENDE IST ALLES GUT!

22. NOVEMBER 2020

DAS NEUE

Geliebte Menschen,

die Tage vergehen, schneller und schneller dreht sich das Rad der Zeit. Kein Stein bleibt auf dem anderen, Berge werden die Plätze tauschen, wo Wasser ist, wird Land sein, wo Wüste ist, wird ein fruchtbarer Boden gedeihen. Nichts bleibt wie es war und alles ist am Wege hin zur großen Transformation und zum positiven Wandel.

Schon bemerkt ihr, dass Vergangenes nicht mehr zurückgeholt werden kann. Ihr erfasst, dass das, was jetzt geschieht, etwas Neues hervorbringt – und ihr erkennt mit jedem Tag mehr, dass dieses Neue von euch selbst abhängt, von euch selbst bestimmt und von euch selbst erschaffen wird.

Kein Zufall, keine Willkür – sondern der göttliche Plan ist es, der sich jetzt auf der Erde verwirklicht – und es sind die Menschen, durch die Gott das geschehen lässt.

Jetzt stellt sich die Frage: Wird alles in das Gute hinübergleiten? Werden die Neugeburt der Menschheit und die Neuerschaffung der Erde etwas Gutes, Schönes, Lichtes und Erhabenes sein oder aber nimmt alles eine andere – weniger lichtvolle – Entwicklung?

Ich sage euch: Es geschieht, was die Menschen, die an das Licht angebunden sind und die Gott in ihrem Herzen tragen, für diese Zeit bestimmt haben! So wird eurem Seelenplan Genüge getan und euren Aufträgen entsprochen.

Doch es gibt Wesenheiten, die erhebliche Einwände gegen einen lichten Wandel, gegen die Befreiung der Menschheit und gegen die Einheit des Menschengeschlechts auf der Basis von Freiheit und Selbstbestimmung des Einzelnen haben.

Heute erlebt ihr, wie in alle Bereiche des Lebens mehr und mehr eingegriffen wird. Während aus den spirituellen Reichen vermehrt auf das Gelingen eurer Befreiung hingewiesen wird, habt ihr das Gefühl, der Zug führe in die exakt entgegengesetzte Richtung.

Eine neue Sklaverei – perfider, perfekter und umfassender, jeden Menschen miteinbeziehend – wurde am Reißbrett der finsteren Mächte entworfen und soll jetzt umgesetzt werden. Schon kündigt sich an, was da an Abgründigem geplant ist und jetzt umgesetzt werden will. Es ist das Gegenteil dessen, was die meisten Menschen für sich gewählt haben, das Gegenteil von Seelenverträgen vieler.

DIE GROSSE SHOW

Die Lage spitzt sich zu und es sieht auf den ersten Blick nicht wirklich gut aus für die Zukunft der Menschheit. Doch dieser Blick trügt, der erste Blick ist nämlich nie genug.

Denn *was im Stillen – im Hintergrund – geschieht, ist Ehrfurcht gebietend, und was sich auf energetischer Ebene abzeichnet, ist unübertroffen seit es den Menschen in seiner menschlichen Entwicklung auf Erden gibt.*

Die große Show – das große Finale – kommt erst.

Alles, was du jetzt sehen kannst, was du wahrnimmst und was in dir sehr oft Ängste hervorruft, gehört zur Ouvertüre des Untergangs für die Einen und ist das Signal des Aufstiegs für die Anderen.

Mitten im Spiel, mitten in der Aufführung, dann, wenn alle glauben, das Ende und der Untergang seien abzusehen, dreht sich die Energie und das Wunder der Freiheit, des Lichts und der Einheit der Menschen ereignet sich.

DIE PRÜFUNG

Davor wird ein jeder Mensch durch das Zeitgeschehen geprüft. Du hast die Aufgabe erhalten, in diesem deinem Leben deinen einmaligen Beitrag für deine Heilung und für den Wandel der ganzen Menschheit zu leisten. Dies geschieht zunächst im Stillen – in deinem Inneren.

Wer zu früh nach außen tritt, der wird von den Wellen des Sturms erfasst oder er fängt Feuer, das sich immer weiter ausbreitet. Jedoch nicht du, sondern das Übel soll vom Wasser verschlungen werden, nicht du, sondern die Niedertracht soll vom Feuer verbrannt werden.

Jetzt ist die Zeit gekommen, um die Nerven zu behalten, um die Welt in deinem Inneren zu erforschen und sich ganz in dich selbst zurückzuziehen.

In deinem Herzen wird jetzt die Kraft erzeugt, die du dann, wenn dein Einsatz gefragt ist, benötigst.

„Wann wird das sein, BABAJI?", fragst du.

Du selbst erkennst den Augenblick und du selbst erkennst in diesem Augenblick dich selbst.

Es wird sein, wenn der Sieg des „Unlichts" festzustehen scheint, es wird sein, wenn du alles verloren glaubst, es wird sein, wenn nur noch die Hoffnung haben, die ihr inneres Reich gut verwaltet haben und sich aus der Quelle Gottes nähren können.

Deshalb ist es jetzt von entscheidender Bedeutung zu verstehen, dass sich die Dinge, wie sie sich jetzt entwickeln, genauso entwickeln müssen. Denn alles muss an das Licht gebracht, an die Oberfläche befördert und für die Menschen, die bis heute die verborgenen Mechanismen der dunklen Macht negieren, anschaulich werden.

DIE GROSSE REINIGUNG

Das ist Teil des Prozesses und wesentlich für die große Reinigung – und wir sind mitten darin. Auf allen Ebenen geschieht, was jetzt geschehen muss.

Eure Beziehungen ändern sich, das politische System steht nur noch auf tönernen Füßen und die Menschen, die vorgeben, euch zu vertreten, werden immer mehr als das, was sie tatsächlich sind, durchschaut. Die Diener jener Kraft, die Böses will und am Ende dennoch Gutes schafft, leisten ganze Arbeit. Ja, diese Diener werden jetzt erkannt.

So geschieht es, dass immer mehr Menschen ihren Blick auf das Wesentliche richten und sich nicht länger mit

Unwesentlichem beschäftigen – und dieser Vorgang braucht Zeit. Nichts geschieht in einem einzigen Moment, es sei denn, Gottes Gnade greift direkt in das Geschehen ein – was sein wird zu gegebener Stunde. Aber erneut fragst du: „Wann wird das sein, dass Gott eingreift zu gegebener Stunde?"

Ich sage dir: Übe dich in der Geduld und du wirst keinen Tag mehr warten.

So sind wir beim eigentlichen Thema der heutigen Bewusstseinsarbeit angelangt. Es ist die Geduld, die dich heute im Frieden, in der Zuversicht und in der Gewissheit hält. Es ist die Geduld, die dich heute zur Gelassenheit inspiriert und die dich ertragen und verstehen lässt, dass das, was jetzt geschehen muss, Zeit braucht, damit es geschehen kann.

So lade ich dich ein, zu begreifen, zu verinnerlichen und zu erspüren, dass die Zeit des Wandels zwar gekommen ist, doch dass die Treppen des Aufstiegs erst später, nämlich dann, wenn alles getan ist, bestiegen werden können. Dieses Warten erfordert Geduld und braucht von dir eine neue Wahrnehmung von Zeit. Dahin lenken wir jetzt unsere Energie – und so lade ich dich ein, mit mir die 3 Schritte zu integrieren, mit denen du Geduld üben und geduldig werden kannst.

3 SCHRITTE ZUR GEDULD

1) Zuerst geht es darum, alles, was jetzt geschieht, auszuhalten, es ertragen können.

2) Im zweiten Schritt geht es darum, alles, was jetzt geschieht, annehmen zu wollen. So, wie es ist, ist es richtig und gut. Deine Einwände bringe mir vor, ich erlöse dich davon.

3) Im dritten Schritt geht es darum, dass du allem, was jetzt geschehen muss, damit sich am Ende etwas zum Lichten und Positiven ändern kann, bedingungslos zustimmst. Das ist die schwierigste Übung, denn das heißt, in Prozesse nicht mehr eingreifen zu wollen, sondern sie ganz bewusst geschehen zu lassen.

Bist du im Herzen bereit dafür, dann rufe mich an. BABAJI entfernt Gedanken und Gefühle, die dich um dich selbst kreisen lassen. Damit du aus gewohnheitsmäßigem Denken, Fühlen und Handeln ausbrechen kannst, komme zu mir. Im Spiegel der Wahrheit erkennst du dich selbst. Das ist die schwierigste und zugleich effizienteste Übung.

So lade ich dich ein, folgende Willensbekundung auszusprechen, damit ich in dein Leben treten kann und dein Innerstes betreten darf.

WILLENSBEKUNDUNG

ICH, (nenne hier deinen Namen),
BIN BEREIT, AUSZUHALTEN UND ZU ERTRAGEN,
WAS JETZT GESCHIEHT. DEN TIEFEN SINN
DAHINTER WILL ICH ERKENNEN –
IN GEDULD UND LIEBE.

ICH BIN BEREIT, BEDINGUNGSLOS
ANZUNEHMEN, WAS JETZT GESCHIEHT.
DIE WAHRHEIT IN DEN DINGEN WILL ICH SEHEN –
IN GEDULD UND LIEBE.

ICH BIN BEREIT, DEM, WAS SICH JETZT EREIGNET,
BEDINGUNGSLOS ZUZUSTIMMEN.
DEN TIEFEN SINN ALLER EREIGNISSE
WILL ICH WAHRNEHMEN LERNEN –
IN GEDULD UND LIEBE.

SO IST ES.
OM NAMAH SHIVAY

Wisst ihr, warum Kinder nicht warten oder etwas erwarten können? Weil ihnen die momentane Situation nicht genügt, weil sie irgendetwas nicht ganz zufriedenstellt. Weil sie blühende Wiesen sind und Schmetterlinge zugleich, die sich von einer zur nächsten Blüte bewegen.

Jedoch Erwachsene sind keine Kinder mehr. Erwachsene sind innerlich ruhig und still geworden.

Das Leben ist mehr als das Heute – und das Morgen will in Augenschein genommen werden, das heißt, Erwachsene denken wie Erwachsene, gehen mit der Zeit anders um und haben, wenn sie es üben, einen gänzlich anderen Geduldsfaden.

„Werdet wie die Kinder!", heißt es in der Schrift. Ich sage dir: „Sei unschuldig wie ein Kind, jedoch denke, fühle und handle wie ein Erwachsener."

Geduld, so sie von dir in dieser Bewusstseinsarbeit eingeübt, verankert und verwirklicht wurde, ist reine Liebe.

Wer kann ertragen, was zunächst unerträglich scheint? Wer kann annehmen, was zunächst unannehmbar ist? Wer kann dem zustimmen, dem der Verstand die Zustimmung verweigert, wer, außer einem Liebenden?

WIE ES IST, IST ES GUT!

So, wie es jetzt ist, ist es gut – es ist schon alles gut und es muss nicht erst gut werden! DAS gilt es zu verstehen, dann hast du alles verstanden.

Geliebter Mensch,

auf deiner Reise zurück ins Licht, gilt es viele Tiefebenen zu durchschreiten. Auf dieser Reise zurück in die göttliche Einheit wirst du immer wieder dir selbst begegnen. Du wirst mit Urängsten konfrontiert und mit einem Mangel an Liebe. Ungeduldig erwartest du die Heilung, dabei bist du schon vollkommen. Die Geduld lässt dich weiterschreiten, ankommen und erkennen. Mit der Geduld kannst du die Zeit anhalten – wie ein Boot, das in einen dichten Nebel eintaucht und unsichtbar wird, verschwinden durch die Geduld GESTERN und MORGEN.

Jetzt ist die Zeit, in der du für dich selbst die größten spirituellen Fortschritte erzielen kannst, jetzt ist die Zeit, die dich weiterbringt, als du vermuten kannst.

Jetzt liegt es an dir, durch verwirklichte Geduld die Zeit anzuhalten – und sobald du ERTRAGEN, ANNEHMEN und ZUSTIMMEN kannst, wird alles leicht.

Die Zeit, auf die du wartest, kommt niemals, es sei denn, du verwirklichst das, worauf du wartest, in dir selbst.

In dir selbst entsteht alles, wird das Verständnis erzeugt und es werden Einsichten vermittelt – und während du dich mit der Geduld beschäftigst, verwandelst du dich in einen Liebenden.

Das ERTRAGENKÖNNEN ist Liebe, das ANNEHMENKÖNNEN, ist Liebe und das ZUSTIMMEN ist Liebe – ohne Wenn und Aber. Auf diese Weise wirst du wiedergeboren. Die Geduld verwandelt dich in Liebe.

AM ENDE IST ALLES GUT!

Wer liebt hat Geduld. Liebe ohne Geduld ist genauso unmöglich wie Geduld ohne Liebe.

Wer liebt akzeptiert, was ist. Wer liebt, fragt nicht nach dem WARUM oder nach der ZEIT. Denn zum Lieben ist immer der richtige Zeitpunkt und es gibt kein WARUM.

Auf diese Weise erhöht sich der Mensch. Das ist der Aufstieg zu wahrem Bewusstsein, zu wahrer Bewusstheit. Das ist das Leben voller Sinn und in der Gnade Gottes. Das ist es, worauf es jetzt für dich ankommt auf einer Welt, die die Zeit misst – die zeitlose Wirklichkeit wahrzunehmen.

Am Ende ist alles gut, am Ende siegt das Licht und es triumphiert die Liebe. Am Ende ist es für alle Menschen so, wie es für dich jetzt schon sein kann.

Geliebter Mensch,

hast du Fragen, komme zu mir! Hast du ein Anliegen, ich bin da! Hast du Zweifel, ich sehe sie! Hast du Ängste, ich löse sie! Was du brauchst, sind ein mutiges Herz und eine Seele, die sich in der Liebe verschwenden möchte.

Ich bin bei dir! In meiner Geduld wirst du geduldig, in meiner Liebe wirst du ein Liebender.

Unendlich ist das Leben und grenzenlos dein Licht. Erfasse es und berühre mich – dann wird dir alles offenbart.

Am Ende bist du, was du bist. Am Ende wirst du LIEBE.

In vollkommener Liebe
BABAJI

„Sobald der zu Versuchende
nicht mehr existiert,
gibt es auch keinen
Versucher mehr!"

JESUS

WANN SATAN WEICHT!

JESUS

DAS MITREGIEREN DES EGOS BEENDEN!
KURS ZUR SELBSTBESTIMMUNG
WEINE NICHT UM MICH…

25. NOVEMBER 2020

DAS MITREGIEREN DES EGOS BEENDEN!

JJK: In den vergangenen Wochen fällt mir auf, dass ich auf mein Ego hintrainiert oder „abgeklopft" werde. Ich empfinde Ablehnung, Zurückweisung, das „ NICHT-VERSTANDENWERDEN". Manchmal geht es sogar so weit, dass ich definitiv nichts mit einem Thema zu tun habe, aber dennoch dafür verantwortlich gemacht werde. Themen, die nicht meine Themen sind, werden zu meinen gemacht – Gegenwehr zwecklos! Hier ist es für mich am schwierigsten, die Mitte zu bewahren und alles an mir „abtropfen" zu lassen. Denn eines zeigt sich mir immer mehr – das Reden mit Menschen, um sie auf etwas hinzuweisen oder sogar zu einem Umdenken zu bewegen, ist völlig nutzlos! Die Zeit dafür ist wirklich um! Des Rätsels Lösung kann nur sein, jeden Menschen so sein zu lassen, wie er ist, so denken zu lassen, wie er denkt, und so fühlen zu lassen, wie er fühlt – kurz – so leben zu lassen, wie er zu leben glaubt, und nur dann einzugreifen, wenn es für mich selbst lebensbedrohlich wird.

Ich fühle genau, dass ich durch diese Schulung des Egos laufe, indem ich mich in jeder Situation, gleich wie nahe sie mir auch gehen mag oder wie „ungerecht" sie auch ist, zweierlei frage:

1) Wo ist mein Anteil daran und
2) hat das überhaupt etwas mit mir zu tun?

Sich nicht angegriffen zu fühlen, in der Liebe zu bleiben, auch wenn man angegriffen wird, das ist eine hohe Kunst, die ich jetzt erlernen darf, ja „darf". Denn es ist wirklich ein Privileg, dies so bewusst wahrzunehmen und dies so bewusst umzusetzen.

Dabei kann ich auf zwei sehr wirkungsvolle Werkzeuge zugreifen:
A) die Meditation mit dem Kristallwürfel des Aufstiegs und
B) schamanisches Reisen.

Es ist ein Segen, dass ich dies vor rund 2 Jahren lernen konnte und jetzt immer, wenn es notwendig ist, „verreisen" kann und dabei klar erblicke, was mein Anteil an einem Thema ist und was nicht.

So weit mein Bericht – was sagst Du, JESUS, dazu?

JESUS: Ich umfange dich mit meiner Liebe und mit meiner tiefen Freundschaft.

KURS ZUR SELBSTBESTIMMUNG

So ist es, weitere tief liegende Ego-Anhaftungen werden jetzt entfernt. Am Ende soll dir NICHTS und NIEMAND etwas anhaben können.

Deine Familie und deine engsten Freunde sind die wichtigsten Spiegelbilder, Bekannte und „zufällige" Begegnungen im Alltag vervollständigen diesen „Kurs zur Selbstbestimmung" mit dem Ziel, dass am Ende das Ego nicht mehr mitregiert.

Freue dich, es ist am Weg. Nimm alle Gelegenheiten wahr! Mit Ende des Jahres 2020 endet dieser Kurs für dich und mit 1. 1. 2021 beginnt für dich eine neue Entwicklungsphase.

JJK: Ich habe jetzt das Gefühl, dass es für die Menschen wichtig ist, davon Kenntnis zu erlangen. Ansonsten würden wir dieses Gespräch ja nicht führen – oder?

JESUS: Die Hinweise dieses Gespräches sind für alle Menschen, die sich gerne ganz auf sich selbst besinnen möchten, von größtem Wert. Jeder Mensch, der seine Verantwortung bei sich selbst sucht und der das außen ganz bewusst als Spiegelbild wahrnehmen will, zieht einen großen Gewinn aus unserem Gespräch. Unrechte, falsche Anschuldigungen, das Nicht-Verstandenwerden sind Phänomene, die nicht nur du erlebst.

In diesem Tagen, da ein Riss quer durch die menschliche Gesellschaft geht, tobt ein Kampf zwischen Meinungen, Glaubenssätzen, Ansichten, wissenschaftlichen Erkenntnissen und Philosophien.

Dieser Kampf hat längst schon ein Ausmaß erreicht, sodass ein gedeihliches Zusammenleben von Menschen immer schwieriger wird.

Deshalb geht jetzt der Auftrag an alle, die sich diese Übung zutrauen, vollkommen in die Selbstermächtigung zu treten. Dafür ist es notwendig, die Einflüsterungen und das Mitregieren des Egos in deinem Bewusstsein zu beenden. Wer sich dazu in der Lage sieht, der weiß es, wer diese Schulung jetzt vollzieht, der weiß es.

Wer innerlich unverwundbar werden möchte, der weiß, was jetzt zu tun ist, nämlich: sich vollkommen auf das Leben einzulassen und nichts und niemandem mehr für irgendetwas die Schuld zu geben! Das ist der Punkt, um den es jetzt geht.

Die Schulung besteht darin, dass du durch Spiegelungen im Alltag so lange für etwas schuldig gemacht wirst, bis es dich nicht mehr verletzt und bis du es unschuldig betrachten kannst.

Nicht unempfänglich zu sein, ist die Kunst, sondern zu verstehen, was geschieht, das ist der Schlüssel.

Dieses Training zur wahren Selbstbestimmung hebt dich heraus aus dieser Matrix.

WEINE NICHT UM MICH...

JJK: Ich denke jetzt an die Bibelworte, die dir zugeschrieben werden. Im Evangelium nach Lukas 23, 27–28, heißt es: *Es folgte eine große Menschenmenge, darunter auch Frauen, die um ihn klagten und weinten. Jesus wandte sich zu ihnen um und sagte: „Ihr Frauen von Jerusalem, weint nicht über mich; weint über euch und eure Kinder!"*

JESUS: Das ist die Essenz einer Seele, die innerlich angekommen ist und die sich wie ein stiller Ozean vor dir und vor den Mitmenschen ausbreitet. Richtig aber hieß es damals: *„Ihr Frauen von Jerusalem, weint nicht über meinen Fortgang, sondern weint über euch und eure Kinder!"*

Doch die Frauen weinten nicht, da ich ein Kreuz trug, sondern da ich Jerusalem verließ. *(siehe Jesus Biografie 1 [3], Jesus Biografie 2 [4])*. Ich sah die Entwicklungen kommen und wusste, dass ich meine Aufgabe in Jerusalem erfüllt hatte. Was Jerusalem bevorstand, las ich wie in einem offenen Buch. Die Tränen der Menschen sah ich, lange bevor sie geweint wurden.

JJK: Mich erinnert diese Geschichte sehr an heute. Werden viele Menschen zurückgelassen? Ist es angebracht, um diese Menschen zu weinen?

JESUS: Wie die Menschen damals nach meinem Fortgang in Jerusalem zurückblieben, werden viele Menschen heute, nachdem sich die Welten getrennt haben, in der 3D-Matrix zurückbleiben. Es ist deren Wunsch, deren Bestimmung und deren Lebensplan.

Niemand kann eingreifen oder es abändern. Was eine Seele beschlossen hat zu erfahren, dass will sie unter allen Umständen erleben.

Es ist angebracht zu weinen, Tränen der Freude oder Tränen von Trauer – jeder seiner Bestimmung und seinem Schicksal gemäß.

JJK: Wenn sich das Ego nicht mehr einmischt und wenn es sich nicht mehr verletzen lässt, da nichts mehr ist, was zu Verletzungen in Resonanz geht, dann ist die Übung wohl gemeistert… Das ist wahre Freiheit, dann ist man unbestechlich – oder?

JESUS: Das ist das Ziel, diese Schulung führt zu einer unerschöpflichen inneren Kraft und Haltung, die in das tatsächliche Jesus-Wort: *„Satan weiche…"* mündet.

Bei Menschen, die ihr Ego gemeistert und Selbstbestimmung erlangt haben, weicht Satan für immer!

Sobald der zu Versuchende nicht mehr existiert, gibt es auch keinen Versucher mehr!

Mit diesen Eindrücken überlasse ich dich, der du diesem Gespräch zwischen zwei Freunden aus der Ewigkeit gefolgt bist, deinen eigenen Überlegungen.

Angeregt zu neuen Gedanken, angehalten zu authentischen Empfindungen und angeleitet zu Ego befreitem Handeln verabschiede ich mich für heute von dir. Ich segne dich mit meinem Licht der Liebe.

JESUS

„Einen Messias gab es nie und gibt es nicht! Alle Hoffnung liegt niemals bei einem Anderen, sondern alles, was du erreichen willst und was du bist, ist in dir."

VENUS KUMARA

DIE MESSIAS-TÄUSCHUNG

TEIL 1

VENUS KUMARA

TRANSHUMANISMUS BEDARF DEINER EINWILLIGUNG!
DER FALSCHE MESSIAS

2. DEZEMBER 2020

TRANSHUMANISMUS BEDARF DEINER EINWILLIGUNG!

Die Tage vergehen, Ereignis nach Ereignis rollt vor euren Augen ab. Der Druck im außen nimmt zu, während ihr innerlich immer entspannter, gelöster und bewusster werdet. Das Phänomen der Angstlosigkeit beginnt sich auszubreiten und immer mehr Menschen werden von diesem Sog erfasst. Ihr verliert die Furcht, ihr bändigt eure Ängste und ihr kommt immer mehr in die Position, das dunkle Diktat der dunklen Mächte zurückzuweisen. Ich sage euch:

Dort, wo es keine Verträge gibt, gibt es für niemanden ein Recht, in euer Leben einzugreifen.

Das heißt, alles, was sich jetzt zeigt und was in Richtung Transhumanismus weist, bedarf deiner Einwilligung. Das heißt, die dunklen Kräfte benötigen deine Zustimmung, damit sie mit ihrem Plan der Eroberung der Seelen von Menschen fortfahren können.

So sei dir also bewusst, es ist dein JA oder dein NEIN, das alles entscheidet – und es ist nicht die scheinbare Übermacht, der du auf Gedeih und Verderb ausgeliefert bist. Das heißt ferner, dass jedes zukünftige Ereignis von dir selbst mitgestaltet werden kann. Denn zunächst wird es vor allem auf den NEIN ankommen.

Sich aus dem Spiel zu nehmen, geht nur, wenn du dir des Spiels bewusst bist und wenn du an den entscheidenden Stellen STOPP und NEIN sagst.

Die dunkle und negative Neue Weltordnung scheitert auf dem Planeten Erde, auf dem die Menschen dem Licht zugewandt sind. Es gibt keinen Grund mehr, der Propaganda zu vertrauen, es gibt jedoch genügend Gründe, dir selbst und deiner Macht zu vertrauen.

Für die Schritte, die von den Dunkelmächten jetzt geplant sind, benötigen sie dein Einverständnis.

Deinen freien Willen kann keine Kraft im Universum ignorieren! Was jedoch möglich ist, ist, dich so weit zu beeinflussen, sodass du den klaren Blick auf das Geschehen verlierst und dann im guten Glauben oder wider besseres Wissen zustimmst.

Daher sei dir bewusst: Je mehr innere Ängste du abbaust, desto klarer wird dein Verständnis für diese Zeit und umso entschlossener wirst du NEIN sagen, wo es erforderlich ist, und JA sagen zum guten, schönen und erhabenen Leben der Menschen auf Erden.

Dein NEIN ist deine Fahrkarte in die höhere Dimension des Seins. Dein JA zum Aufstieg ist genauso entscheidend wie dein NEIN zum Status quo oder zum Abstieg.

Geliebter Mensch,

gehe weiter deinen Weg der Klärung und Bewusstwerdung.

Gib auch die letzten Sorgen ab, lege die letzten Ängste beiseite und fasse dir ein Herz für ein Leben, das du selbst gestaltest und in dem du selbst das Ruder in die Hand nimmst.

Je mehr Ängste heute geschürt werden, desto näher ist der Triumph des Lichts.

Denn die große Überflutung der Menschheit mit Ängsten führt dazu, dass sich immer mehr Menschen ihren Ängsten stellen und sich damit auseinandersetzen – bis sie am Ende ihre Ängste verlieren.

Dahin geht die Reise der Menschheit. Das Ende der Alten Welt zeichnet sich ab und gleichzeitig steht der Neubeginn auf der erhobenen Erde bevor – mit Menschen, die aufgewacht sind, mit allem Lebendigen, das sich der Freude und der Schönheit verschrieben hat.

Heilig ist der Tag, der da kommt, gesegnet bist du, der du die Zeichen dieses Tages erkennen wirst.

DER FALSCHE MESSIAS

Nachdem der falsche Messias präsentiert wurde, öffnet sich der Himmel für die, die auf niemanden gewartet, sondern ihr Schicksal selbst in die Hand genommen haben. Einen Messias gab es nie und gibt es nicht! Alle Hoffnung liegt niemals bei einem Anderen, sondern alles, was du erreichen willst und was du bist, ist in dir.

Ermächtige dich zu einem angstfreien Leben und dein Dasein wird sich in reine Freude verwandeln.

Ermächtige dich zum Gestalter deines Schicksals und dein Dasein wird ein Beispiel geben.

Ermächtige dich dafür, deine innere Unabhängigkeit und Freiheit zu bewahren, und niemand wird dich versklaven können.

Sei dir bewusst, wer und was du bist! Danach wird alles einfach und es ist alles klar.

Du lebst im Einklang mit den Gesetzen der Schöpfung und mit dem Pulsschlag des Schöpfers, der da ist – allwissend, allliebend und allgegenwärtig.

In unendlicher Liebe
VENUS KUMARA

„Werdet ihr dazu verleitet,
zu glauben, dass JESUS heute
den Thron dieser Erde als König
und Messias beanspruchen
möchte, so seid euch gewiss:
Das ist eine große Täuschung!
Den einzigen Platz, den der
lebendige CHRISTUS einnehmen
will, ist der Platz in deinem Herzen."

VENUS KUMARA

DIE MESSIAS-TÄUSCHUNG

TEIL 2

VENUS KUMARA

GIBT ES EINEN „ECHTEN MESSIAS"?
DU BIST DER ERLÖSER
DIREKTE OFFENBARUNGEN
DEIN KÖNIGREICH

3. DEZEMBER 2020

GIBT ES EINEN „ECHTEN MESSIAS"?

JJK: Ich beziehe mich auf die gestern empfangene Botschaft „Transhumanismus und der falsche Messias". Meine Fragen: Gibt es einen „echten", einen „wahren" oder „richtigen" Messias und wenn ja, wie können wir beide auseinanderhalten?

VENUS KUMARA: Ich bin bei dir, geliebter Mensch, der du jetzt das Tor der Freiheit passierst und niemals wieder in Gefangenschaft geraten wirst. Die Freiheit der Menschen wird jetzt errungen und dieser Sieg steht bevor.

Deine Frage ist von großer Bedeutung für diese Zeit. Viele Menschen haben Heilserwartungen an andere – oder ganz konkret an ein Wesen, einen „Messias", der sie erfüllen soll. Von „OBEN" soll das Heil auf die Erde kommen und ein übermächtiges Wesen soll die Verwerfungen regeln sowie die Dinge ins Lot bringen. Das ist ein großer Irrtum.

Der königliche Heilsbringer wird nicht kommen und niemand wird dich aus deinem Elend befreien. Niemand wird die Menschheit erlösen und die Unterdrückung beenden, niemand, es sei denn – DU BIST ES SELBST!

DU BIST DER ERLÖSER!

Die Antwort auf deine Frage ist:

Es gibt keinen Messias außer dir selbst, es gibt keinen Erlöser außer dir selbst!

Es gibt auch keinen Meister, der sich am Himmel zeigen wird und den dunklen Kräften den Garaus macht. Nein, so wird es nicht kommen und das ist auch nicht der Sinn eurer Existenz.

Jeder Mensch ist geboren, um seinen Teil zum Wachstum und zum Erwachen beizutragen. Eigenverantwortlich seid ihr Leben auf Leben gewachsen und gereift. Jetzt stehen viele von euch vor dem Tor zur Freiheit. Dieses gilt es nun aufzustoßen und hindurchzuschreiten.

Wir befinden uns am Vorabend vor diesem Ereignis, bei dem – wie aus einem Guss – diese Matrix verlassen, überwunden und erlöst wird. Wie aus einem Guss wird sich die dafür bereite Menschheit im Lichte einfinden und sie wird das Tor zur Freiheit durchschreiten.

JJK: Was aber ist mit dem „falschen Messias" gemeint?

VENUS KUMARA: Von den Mächten des kalten Lichts wird eine holografische Manifestation vorbereitet.

Dabei soll der Menschheit ein Messias, ein Befreier und Erlöser präsentiert werden. Der „Christus" ohne Mitgefühl, der „Jesus" ohne Liebe, „Maitreya" im Gewand der Lüge und der Täuschung. Ziel ist es, dass die Menschen die Eigenverantwortung vollkommen an diesen Erlöser übertragen.

JJK: Wird dieser Plan auch umgesetzt oder ist das mehr ein Potenzial?

VENUS KUMARA: Wir sprechen heute darüber, weil dies eine bestimmte Wahrscheinlichkeit hat und sehr viel Verwirrung stiften soll und erheblichen Schaden anrichten könnte. Deshalb ist es wichtig, vorbereitet zu sein. Obwohl nichts in dieser Aufstiegsdynamik in Stein gemeißelt ist, gilt es auf diese globale Täuschungsabsicht hinzuweisen, da deren Potenzial entfaltet werden kann.

JJK: Wie können wir die Täuschung erkennen und dann abwehren?

VENUS KUMARA: ***Wisst eines – jede Wesenheit, die sich am Himmel als Erlöser präsentiert, ist ein Betrüger!***

Phänomene des Himmels dienen der Menschheit, um mit ausreichend Licht für das eigene Wachstum versorgt zu werden, aber nicht, um ihnen ihre eigene Entwicklung vorzuenthalten.

Wer euch sagt: „Seht her, hier bin ich, ich bin der König und Heilsbringer!", dem ist nicht zu vertrauen.

Steigt in solche Szenarien einfach nicht ein. Das ist die Lösung! Denn niemand kann dir schaden, solange du bei dir selbst bleibst und solange du keine Vereinbarungen eingehst. Dein freier Wille ist auch hier das Maß der Dinge.

JJK: Aber wir brauchen ja die Unterstützung des Himmels. Alleine werden wir es nicht schaffen – oder?

DIREKTE OFFENBARUNGEN

VENUS KUMARA: Was jeder einzelne Mensch jetzt braucht, ist die direkte Offenbarung Gottes, die direkte Offenbarung des CHRISTUS. Das wird einem jeden, der dafür bereit ist, jetzt gegeben. Viele Menschen sprechen von Wundern, die sich in ihrem Leben ereignen. Das ist das Wirken Gottes und der CHRISTUS-KRAFT in euch.

JJK: Was aber ist mit der globalen Offenbarung, mit den Zeichen am Himmel, an dem Tag, an dem die Zeit angehalten wird, damit die Menschen letztmalig ihre Entscheidungen treffen können? Im Buch „ENTSCHEIDENDE JAHRE DER MENSCHHEIT" [5] konnte ich mit SANANDA ein Gespräch darüber führen.

Dort heißt es: *"Der Tag, an dem die Zeit aufgehoben wird, steht wahrlich bevor. Die Schwingung der Erde wird für eine kurze Dauer so weit erhöht, sodass ein jeder Mensch in das eigene Spiegelbild blicken kann – und muss! Jeder Mensch wird Gelegenheit erhalten, sich im Lichte Gottes selbst zu betrachten."*

An diesem Tag wird sich ja der Himmel öffnen, das ist ja auch eine Art himmlische Offenbarung…

VENUS KUMARA: Das ist die Offenbarung Gottes, bei der jeder Mensch erkannt wird und sich selbst erkennen kann.

Das ist der Augenblick der Gnade, an dem ein jeder Mensch zum letzten Mal eingeladen ist, in die vollständige Eigenverantwortung zu gehen. Diese Offenbarung ist das exakte Gegenteil jener Ideen, die einen „Messias" favorisieren.

JJK: Das werden wir klar erkennen können – oder?

VENUS KUMARA: Jeder Mensch wird das klar erkennen können. Ohne Zweifel wird der Zweifel in diesen Stunden aufgehoben sein. Jeder steht im Licht und trifft seine Entscheidung.

DEIN KÖNIGREICH

Geliebter Mensch,

vertraue deiner Intuition, deinem inneren Wissen. Verbinde dich mit dem Heiland in dir, mit dem Königreich in dir, mit dem Licht, das du bist.

MEISTER JESUS sagte: *„Mein Königreich ist nicht von dieser Welt!"* Wie könnt ihr annehmen, dass JESUS seine Meinung geändert hat?

Werdet ihr dazu verleitet, zu glauben, dass JESUS heute den Thron dieser Erde als König und Messias beanspruchen möchte, so seid euch gewiss: Das ist eine große Täuschung! Den einzigen Platz, den der lebendige CHRISTUS einnehmen will, ist der Platz in deinem Herzen.

Du bist die Liebe und das Licht, das Leben und die Wahrheit – alles findest du in dir und in Gott.

In vollkommener Liebe.

VENUS KUMARA

„Kein Mensch, der sich zur Neuen Erde aufgeschwungen hat, wird lange die Entwicklungen der niedrig schwingenden 3D-Erde erleben müssen."

MEISTER ST. GERMAIN

ERDE DER 3. DIMENSION WIRD AUFGEGEBEN!

MEISTER ST. GERMAIN

INTENSIVE TRÄUME
IMPFPFLICHT UND STIGMATISIERUNG
VON MENSCHEN
ALLES IST GUT!

20. DEZEMBER 2020

INTENSIVE TRÄUME

JJK: Je näher wir der Wintersonnenwende kommen, desto realer und intensiver werden meine Träume. Gestern und heute war das wirklich enorm. Ich bin es gewohnt, viel zu träumen und mit der Traumebene zu arbeiten, aber in den letzten zwei Tagen ging wirklich die Post ab. Interessant dabei ist, dass diese Träume so unglaublich real sind, sodass ich dann einige Zeit brauche, um überhaupt in den Tag hineinzufinden. Ein Traum war für mich besonders spannend: *„Ein Haus in unserer nächsten Nachbarschaft in Kärnten (meinem Geburtsort) ist völlig abgetragen. Man sagt mir, die Menschen, die darin gewohnt haben, sind gestorben. Darüber hinaus nehme ich das Dorf meiner Kindheit ganz anders wahr, so, als wäre der Ort ausgesiedelt worden und nur noch wenige Menschen da."*
(TRAUM ENDE)

Als ich aufwache, bin ich voll der Überzeugung, dass es wirklich so ist.

Erst am Abend erfahre ich von meinem Bruder Karl, dass das Haus noch steht und dass es bewohnt ist.
Ähnlich ergeht es mir auch bei einem anderen Traum, da rückt meine Frau die Dinge zurecht.
Meine Frage nun: Woher diese Intensität, warum jetzt und was bedeutet das, wenn ich den Ort meiner Kindheit so anders wahrnehme?

MEISTER ST. GERMAIN: Geliebte Menschen, wir befinden uns im Umbau der Welt und mitten in den Transformationsprozessen der Menschen und dieser Erde. Was du, Jahn, beschreibst und erlebst, zeigt, wie sich die intensive Lichtflutung der Erde auswirkt. Die Dinge werden klarer, greifbarer und sie treten aus dem Schatten in das Licht. Dein Traum beschreibt dir eine Erde, wie sie in Zukunft sein wird. Es ist die Erde der 3. Dimension, die du hier erlebt hast, und du warst Gast in diesem Umfeld.

JJK: Ja! Jetzt, wo du das sagst, ich fühlte mich fremd – wie ein Besucher aus einer anderen Zeit…

MEISTER ST. GERMAIN: Du warst in der Zukunft und hast in die Zukunft geblickt. Auch die Erde der 3. Dimension wird weniger Menschen beheimaten. Es stellt sich alles um.

JJK: Woher aber kam ich? Welche Reise habe ich hinter mir, ehe ich diese Erde besuche?

MEISTER ST. GERMAIN: Die Reise, zu der wir alle uns immer wieder aufmachen. Wir gehen zu den Menschen, die uns benötigen, die unser Licht brauchen, um ihr eigenes Licht leuchten lassen zu können.

Es ist die Zeit, in der du zwischen den Welten wanderst – dieser Traum weist dich erneut darauf hin.

(Ich hatte bereits einen Traum dieser Art, der in der Botschaft „Wandern zwischen den Welten" für das Buch ERLÖSUNG, S. 279 ff. aufgearbeitet und beschrieben ist. Anm. JJK) [2]

Die Erde der 3. Dimensionsdichte wird von dir, wie von vielen Menschen, die heute noch hier leben, sehr bald aufgegeben und verlassen werden können. Zurück bleiben die, die es anders wollten und die einen anderen Verlauf ihrer Entwicklung gewählt haben.

IMPFPFLICHT UND STIGMATISIERUNG VON MENSCHEN

JJK: Jetzt denke ich daran, wie schwierig es gerade ist auf dieser dichten 3D-Erde. Die Corona-Täuschung setzt sich fort. Schon wird eine Impfpflicht vorbereitet. Ungeimpfte sollen, indem sie am gesellschaftlichen Leben nicht mehr teilhaben können, stigmatisiert und zu Menschen zweiter Klasse degradiert werden. Was der Judenstern damals war, ist heute der Makel, nicht geimpft zu sein – eine Entwicklung, die mir große Sorgen bereitet, zumal ich ja auch Kinder habe. Was wenn diese nicht mehr am Leben so teilnehmen können wie bisher? Museum, Schwimmbad, Kino, Fliegen oder sogar Spielen mit Freunden – nur mit einem Immunitätsnachweis – welche Dystopie droht uns da?

MEISTER ST. GERMAIN: Es ist die Entwicklung, die es jetzt braucht, damit so viele Menschen wie nur möglich aufwachen. Deshalb muss sich alles bis an den Punkt zuspitzen, an dem die kritische Masse für den Zusammenbruch dieses System erreicht wird. Darauf wurde wiederholt hingewiesen und das gilt es bei allen negativen Entwicklungen, die sich jetzt zeigen, immer im Blickfeld zu haben. Ich sage dir:

Kein Mensch, der sich zur Neuen Erde aufgeschwungen hat, wird lange die Entwicklungen der niedrig schwingenden 3D-Erde erleben müssen.

Bis zum Äußersten wird es nicht kommen, da ausreichend Energie zur Befreiung freigesetzt wird. Das ist der Punkt, um den es geht. Am Ende gibt es zwei Erden: Eine in der 3. Dimension und die, die jetzt von vielen Visionären erschaffen wurde und noch wird.

JJK: Das heißt, weiterhin die Nerven zu behalten – alles ist gut!

ALLES IST GUT!

MEISTER ST. GERMAIN: Und sich mit dem Wissen in dir zu verbinden. Immer wenn du zweifelst und in Sorge bist, meditiere oder bete so lange, bis du wieder in deiner

Mitte bist. Arbeite mit dem göttlichen Licht und rufe uns Meister. Wir sind zur Stelle – es gibt keinen Grund für Zweifel oder für Sorge – am Ende entwickelt sich alles zum Wohlgefallen jener, die das Gute, Lichte und Schöne fördern, leben und selbst verwirklicht haben.

Was jetzt geschieht, ist, dass sich das Böse selbst verschlingt. Es ist ein schmerzlicher Vorgang für alle Beteiligten – für die, die es betrifft, und für die, die zusehen, in welches Elend Seelen, die sich der Dunkelheit verschrieben haben, schlittern.

Die Anführer, die heute noch den Ton angeben, werden sehr bald verstummen und für eine lange Zeit weder auf dieser noch auf einer anderen Erde ihr Unwesen treiben können.

Die Schulungen von Seelen finden unentwegt statt. Sobald eine Seele jenseits des Schleiers ankommt, wird sie auf ihre Reife hin geprüft – eine Prüfung, die die Seele mit ihren spirituellen Lehrern gemeinsam vornimmt und wobei ein vergangenes Leben im Lichte der Wahrheit unvoreingenommen betrachtet wird. So ist eine jede Seele ihr eigenes Korrektiv, der eigene „Richter". Aber erst nachdem eine verstrickte Seele den Körper verlassen hat, ist sie bereit, hinzublicken und zu akzeptieren, was in einem nächsten Leben zu korrigieren und zu verbessern ist.

So heißt es für viele eurer derzeitigen Anführer ZURÜCK ZUM START, denn es sind viele, die ihre ursprünglichen Seelenaufgaben verfehlen.

JJK: Wie aber soll man reagieren, wenn es eine Zwangsimpfung gibt?

MEISTER ST. GERMAIN: Es werden sich Möglichkeiten auftun und Wege finden, die diesen Kelch an euch vorbeigehen lassen – und selbst wenn jemand mit diesem schädlichen Impfstoff gegen seinen Willen geimpft wird, gibt es die Möglichkeit, den Impfstoff auszuleiten und zu zerstören. Das Wissen dafür gelangt jetzt an die Öffentlichkeit. Sorgt euch nicht, Gott ist alles möglich und die Meister wirken mit, wenn ihr sie am meisten braucht.

Diese Zuspitzung muss sich ereignen, damit die neuen Erkenntnisse geboren werden und die Menschen, die es betrifft, aufwachen können.

In diesem Geiste seid bereit für Wunder, denn in der größten Not sind die Hilfe und die Gnade Gottes allgegenwärtig.

Ich bin mitten unter euch.

MEISTER ST. GERMAIN

„Wie ein Bär in den Winterschlaf fällt, wenn die Zeit dafür gekommen ist, mache du Pausen, wenn sie notwendig oder überlebenswichtig sind."

JESUS CHRISTUS

WIE EIN BÄR IM WINTERSCHLAF

JESUS CHRISTUS

STOPPT ALLE AKTIVITÄTEN!
DIE BEDEUTUNG VON 2021
„REVOLUTION VOR MORGEN FRÜH"

27. DEZEMBER 2020

STOPPT ALLE AKTIVITÄTEN!

JJK: Ich habe heute 12 Stunden geschlafen und ich bin immer noch wie betäubt!? Welche Belastungen wirken derzeit auf die Menschen ein und wie können wir damit am besten umgehen?

JESUS CHRISTUS: Hohe Transformationsenergien und das Faktische wirken sich derzeit auf alle Menschen aus! Das erzeugt sehr oft Müdigkeit, Zustände von Erschöpfung und Niedergeschlagenheit. Treten diese Zustände auf, dann geht sofort einen oder mehrere Schritte zurück. Stoppt alle Aktivitäten, die nicht wirklich notwendig sind, und erholt euch so lange, bis ihr wieder in eurer Kraft seid.

JJK: Das neue Jahr 2021 hat noch gar nicht begonnen, doch heute nach dem Aufwachen hatte ich so ein dumpfes Gefühl, was wohl da alles an Zumutungen noch auf uns wartet. Was werden wir im kommenden Jahr zu ertragen und zu bewältigen haben? Wenn das Buch veröffentlicht wird, wird das halbe Jahr schon vorbei sein. Manchmal wird mir unheimlich bei diesem Gedanken…

JESUS CHRISTUS: Jede Situation kann und wird von euch gemeistert werden. Die Hilfe und Unterstützung der geistigen Reiche werden immer massiver und immer deutlicher könnt ihr diese auch wahrnehmen.

Es bedarf unserer gemeinsamen Kraftanstrengung, dieses Zeitalter des Unglücks, der Unterdrückung und der Lieblosigkeit zu beenden – und wir werden diese Situationen meistern, denn dafür wurdet ihr geboren und dafür sind wir in großer Anzahl unter euch.

Es gibt keinen Zweifel: Das lichtarme und lieblose Zeitalter wird beendet!

DIE BEDEUTUNG VON 2021

JJK: Welche Bedeutung spielt hier das Jahr 2021?

JESUS CHRISTUS: Eine entscheidende Bedeutung! Zum ersten Mal wird klar ersichtlich, dass die Pläne der Herrscher der Materie auf dieser Erde scheitern. Was bisher Zug um Zug vorangetrieben wurde, kommt ins Stocken. Die finale Auseinandersetzung zwischen den Kriegern des Lichts, die mit dieser Erde auf eine feinstofflichere Ebene aufsteigen, und den Kriegern des Unlichts, die auf dieser Erde zurückbleiben und nur noch Tote verwalten werden, erreicht einen neuen Höhepunkt.

JJK: Wie können die Menschen mit diesen andauernden Spannungen, mit der Verrücktheit, mit den Zumutungen, die uns fast täglich präsentiert werden, umgehen? Manchmal weiß auch ich einfach nicht weiter.

JESUS CHRISTUS: Immer wenn du entmutigt bist, tritt einen Schritt zurück. Lass dein Tagwerk sein und begib dich in dein Herz! Sammle Kräfte – in der Natur, durch Schlaf, durch anregende Gespräche mit Gleichgesinnten, durch eine erbauliche Lektüre, in der Meditation oder im Gebet.

Wenn dich das Äußere zu sehr beansprucht und du deine Energien nicht mehr zusammenhalten kannst, dann emigriere in dein Inneres.

Drohst du aus der liebevollen Eigenschwingung zu kippen, stoppe jede Aktivität und lasse die Dinge einfach mal geschehen. Wenn du angespannt bist, entspanne dich, indem du weder von dir selbst noch von deinen Nächsten irgendetwas erwartest.

Wie ein Bär in den Winterschlaf fällt, wenn die Zeit dafür gekommen ist, mache du Pausen, wenn sie notwendig oder überlebenswichtig sind.

JJK: Mir kommt oft vor, dass alles immer fordernder und die Zeit immer verrückter wird.

JESUS CHRISTUS: Fordernder und beglückender! Denn mit jedem Hindernis, das du bewältigst, generierst du neue Kraft. Was deine Seele wirklich nährt, sind die bewältigten Aufgaben auf deinem Lebensweg.

Dafür gilt es, dir die Zeit und Energie gut einzuteilen.

Bis du zur Quelle, aus der unentwegt das Wasser des Lebens fließt, geworden bist, musst du achtsam mit deiner Lebensenergie umgehen.

Du näherst dich dem Ewigen, indem du deinem Seelenweg Schritt für Schritt folgst. Alles Weitere ereignet sich von selbst – es wird gegeben.

„REVOLUTION VOR MORGEN FRÜH"

JJK: Manchmal denke ich auch, dass wir Menschen uns unserer eigenen Kraft und Macht viel zu wenig bewusst sind. Die Zustände auf dieser Erde sind ja nur möglich, weil wir das zulassen! Wenn wir aufstehen und STOPP sagen ist der Spuk an einem Tag vorbei. Henry Ford (1863 – 1947), der Automobilhersteller und Gründer der Ford Motor Company, hat das in Bezug auf das Finanzsystem sogar gesagt: *„Würden die Menschen das Geldsystem verstehen, hätten wir eine Revolution vor morgen Früh."* Werden wir das oder so etwas Ähnliches schaffen und erleben?

JESUS CHRISTUS: Dieser Prozess baut sich auf. Die innere Reifung des Einzelnen schreitet voran.

Unwiderruflich wachsen immer mehr Menschen in ihre Aufträge hinein und sie nehmen ihre Aufträge an. Das ist der springende Punkt. Je besser du dich selbst kennst, desto mehr bist du imstande, zu bewegen und deinen Beitrag für den lichtvollen Wandel zu leisten. Diese Energie der Freiheit baut sich durch die vielen Inkarnationen des Menschen seit Jahrhunderten auf. Viele Leben habt ihr damit verbracht, euch von Beschränkungen und Blockaden zu befreien. Jetzt kommen wir an einen Punkt, an dem immer mehr Menschen der Durchbruch in die innere Freiheit gelingt.

JJK: Warum aber sehe ich davon so wenig? Manchmal glaube ich, dass die Menschheit immer dümmer und abgestumpfter wird.

JESUS CHRISTUS: Dieser Eindruck entsteht, weil die Dummen immer am lautesten schreien. Die Weisen machen sich anders bemerkbar. Blicke bitte hinter die Kulissen und es wird sich dir ein gänzlich anderes Bild enthüllen.

Seid euch gewiss, was ihr gekommen seid zu tun, erfüllt sich, was ihr bereit seid zu geben, findet Anklang, und was ihr erschafft, das bleibt bestehen – weit über dieses Leben hinaus.

Wir sind eine große spirituelle Familie, wir befinden uns am Ende einer Zeit und am Anbeginn einer neuen Epoche – voller Licht und Freiheit, Einheit, Freude und Frieden.

Die Galaktische Föderation des Lichts wacht über die Geschehnisse und ich bin allezeit bei dir.

JESUS CHRISTUS

„Gegen die Macht der Liebe ist jeder Staat ohnmächtig."

MEISTER ST. GERMAIN

DAS NEIN DER MENSCHHEIT!

MEISTER ST. GERMAIN

NEUJAHRS-BLUES?
FÜRCHTET EUCH NICHT!
REVOLUTION DER HERZEN AUF DIE
STRASSE TRAGEN!
SEHEN ODER WAHRNEHMEN?

5. JANUAR 2021

NEUJAHRS-BLUES?

JJK: Seit Tagen geht es mir wohl so, wie es derzeit vielen Menschen geht! Ich bin ruhelos, entkräftet, entmutigt und es gibt Momente, da verliere ich die Hoffnung auf eine goldene Zukunft der Menschheit im goldenen Zeitalter. Der Corona-Wahnsinn geht weiter und weiter. Es ist kein Ende in Sicht! Weder kann ich die Gesichter der Politiker sehen noch ihre Reden ertragen! Unsere „Volksvertreter" richten sich immer mehr gegen die Menschen, die sie vorgeben zu vertreten. Wir werden eingeschränkt, entrechtet und in Angst gehalten. Die Corona-Maßnahmen entbehren jeder Verhältnismäßigkeit und die Politik beginnt unsere Demokratien in lupenreine Konzern-Diktaturen umzuwandeln. Sogar eine direkte oder indirekte Corona-Impfpflicht steht vor der Tür! Für mich ist das der geplante Genozid der Dunkelmächte, denn sie mögen uns Menschen nicht, vor allem, weil wir so viele sind! Gestern sah ich „Harry Potter und der Gefangene von Askaban". Darin spielen die DEMENTOREN – Geister, die die Seelen von Menschen rauben – eine zentrale Rolle.

Das ist für mich eine auffällige Synergie zu dem, was jetzt auf der Erde abgeht. Es ist nicht von der Hand zu weisen, dass die Menschen entseelt, seelisch entkernt, entmutigt und entmündigt werden sollen – und die Corona-Täuschung ist das Mittel dafür. Wie lange geht das noch so weiter?

Seit einigen Tagen sind die sich abzeichnenden Entwicklungen auch für mich kaum auszuhalten! Oder befinde ich mich nur im Neujahrs-Blues?

MEISTER ST. GERMAIN: Gesegnet bist du, der du dieser Botschaft aus dem Licht folgst und vertraust. Fürchte dich nicht!

FÜRCHTET EUCH NICHT!

Einmal mehr sind es diese drei Worte, die euren Geist erreichen und euer Herz erweichen sollen!

Fürchtet euch keine Sekunde vor dem, was drohen könnte, sondern investiert jede Minute eures Lebens in gutes und lichtvolles Handeln.

Was sich auf der globalen politischen Bühne jetzt abspielt, ist das Schlusskonzert, bei dem die kalte Rasse der ganzen Menschheit ihre wahren Pläne enthüllt und enthüllen muss. Auf diese Weise kann ein jeder Mensch seine Entscheidung treffen. Die Revolution, die dadurch ausgelöst wird, stellt alles Vorstellbare in den Schatten.

JJK: Mir wurde in vielen Botschaften übermittelt, dass die „Revolution der Herzen" und nicht die „Revolution auf den Straßen" kommen soll?

MEISTER ST. GERMAIN: Das Eine kann ohne das Andere nicht existieren oder stattfinden. Zuerst ist es dein Herz, dein geklärtes und geheiltes Herz, auf das es ankommt. Danach ist alles klar und du bist dir im Klaren, wo, weshalb und wann du aufstehen sollst.

Das kollektive NEIN der Menschheit wird allen finsteren Plänen ein Ende bereiten und das neue Zeitalter des Lichts wird seinen Anfang nehmen.

REVOLUTION DER HERZEN AUF DIE STRASSE TRAGEN!

JJK: Das heißt, alles arbeitet auf dieses kollektive NEIN hin – und das heißt weiter, die Revolution im Herzen irgendwann auch auf die Straße zu tragen! Mir scheint es manchmal, dass die dunklen Eliten ihre Pläne eiskalt durchziehen und dass unsere Möglichkeiten dagegenzuhalten immer geringer und eingeschränkter werden.

MEISTER ST. GERMAIN: Das ist eine akkurate Momentaufnahme dieser Tage. Doch dabei wird es nicht bleiben. Eine ungeheure Dynamik ist jetzt ausgelöst und sehr viele Überraschungen warten auf euch. Der Sieg der finsteren Kräfte scheint gewiss, doch schon zeichnet sich der Umkehrschub ab. Immer mehr Menschen sagen NEIN!

Aus ihren Herzen heraus nehmen sie eventuelle negativen Folgen in Kauf und sie sagen NEIN! Auch wenn sie sich noch nicht lauthals bemerkbar machen, innerlich verweigern immer mehr Menschen den dunklen Eliten die Gefolgschaft. Wir erwarten den Moment, an dem die Zahl derer ausreicht und der Kippeffekt ausgelöst wird.

Es ist der Moment, an dem alle Ereignisse eine unerwartet lichtvolle Wendung nehmen und in die richtige, die lichtvolle Richtung kippen.

JJK: Das heißt, damit genug Menschen zu den Plänen der Neuen Weltordnung NEIN sagen können und lautstark dagegen auftreten, braucht es noch eine gewisse Zuspitzung? Aber das ist ja kaum auszuhalten?!

MEISTER ST. GERMAIN: Jetzt ereignen sich die Enthüllungen, auf die es ankommt und die sich positiv auf alles auswirken. Es wird alles an die Spitze getrieben, damit es sich entladen und von den Menschen wahrgenommen werden kann. Nicht immer ist das erträglich oder gut auszuhalten. Das gehört dazu und ist Teil des Menschseins. Du bist keine Maschine. Freude aber auch Schmerzen sind noch Teil des Lebens. Aber auch das ändert sich, sobald die dunklen Tage vorüber sind und es licht wird und hell.

JJK: Warum habe ich heute – das habe ich eigentlich nie – den so starken Eindruck, dass die lichten Kräfte scheitern und die Dunkelmächte obsiegen werden?

MEISTER ST. GERMAIN: In den letzten Tagen umkreisen dich dunkle Entitäten und du warst dunklen Energien ausgesetzt. Du hast von Orten bestimmte Geister mitgenommen und sie erzeugen das Trugbild der Hoffnungslosigkeit.

JJK: Das passt ja perfekt zum Film „EINE UNENDLICHE GESCHICHTE" von Michael Ende, den ich gestern sah. Darin muss der Held des Filmes den „Sumpf der Trauer", indem er sich nicht von ihr überwältigen und hinunterziehen lässt, meistern. So weit ist mir das bewusst und ich habe schon meditiert, mit dem Kristallwürfel des Aufstiegs[6] gearbeitet und war im Wald spazieren.

Aber noch immer bin ich nicht der, der ich ansonsten bin? Raus aus dem Sumpf, aber wie?

MEISTER ST. GERMAIN: Diese aktuellen Klärungen brauchen etwas mehr Zeit, da karmische Verabredungen dahinterstehen. Das heißt, du bist dabei, dich von den niedrigen Energiestrukturen bestimmter Wesenheiten, die dir in manchem Leben nahestanden, endgültig zu lösen. Trennungen dieser Art brauchen mehr Zeit und mehr Aufmerksamkeit.

JJK: Gut, ich warte dann einfach ab und meditiere weiter.

MEISTER ST. GERMAIN: Gehe deinen Weg! Sehr bald wird dein Alltag wieder lichtvoll und von Liebe begleitet sein.

JJK: Wenn ich denke, dass es mir, der ich gut angebunden und orientiert bin, in Anbetracht der Lage auf der Welt so miserabel gehen kann, was spielt sich da bei anderen Menschen ab, die grundsätzlich über ganz andere Voraussetzungen verfügen und ein sehr dünnes energetisches System haben?

MEISTER ST. GERMAIN: Die meisten Menschen durchleben jetzt eine Phase von großen Prüfungen. Diese können sie durch die Einkehr in ihr Herz meistern oder aber sie verlieren sich gänzlich in diesem Spiel, da sie die ganze Aufmerksamkeit auf äußere Ereignisse lenken. Jetzt geht es darum, in sein Herz einzukehren und jede Entscheidung aus dem Herzen zu treffen.

Gegen die Macht der Liebe ist jeder Staat ohnmächtig. Praktisch heißt das, im eigenen Leben aufzuräumen und im eigenen Umfeld für Klarheit und Wahrhaftigkeit zu sorgen. Sorge dich nur um dieses, dann wird dir alles dazugegeben.

JJK: *„Sorge dich nur um das Himmelreich, alles andere wird dir dazugegeben"*, heißt es in der Bibel. Aber werden wir dann nicht blind für das, was sich an Unrecht in der Welt ereignet?

SEHEN ODER WAHRNEHMEN?

MEISTER ST. GERMAIN: Zu sehen, was geschieht, ist das EINE, es aus einer übergeordneten Perspektive wahrnehmen zu können, ist etwas völlig ANDERES. Entscheidend ist die Position des Betrachters.

Nur wer sich selbst kennt, kennt die Menschen und die Welt – und wer sich selbst kennt, sagt JA oder NEIN an den richtigen Stellen.

Genau darum geht es jetzt: dass so viele Menschen als möglich NEIN sagen! Dieses NEIN DER MENSCHHEIT ist von essenzieller Bedeutung, denn dann scheitern alle Vorhaben der dunklen Eliten, die nur noch in angsteinflößenden Restbeständen auf der Erde operieren dürfen.

JJK: Ja, ein einfaches NEIN zur Corona-Impfung, zu den Corona-Tests, zu den Beschränkungen. Wenn wir uns alle darüber hinwegsetzen, ist Schluss damit. Diese NEIN ist aber eine Entwicklungssache.

Noch sagen so viele JA und die Zeit wird langsam knapp – finde ich?

MEISTER ST. GERMAIN: Die Zeit wird knapp für die, die bisher in Jahrtausenden dachten, nicht aber für dich, der du dieser zeitlosen Botschaft lauschst. In einem Durchmarsch wollen die Kräfte der Finsternis alles umsetzen.

Diese massive Aktivität ruft immer mehr Menschen auf den Plan – Menschen, die unter anderen Umständen, niemals aufwachen könnten, werden jetzt hellwach. Das macht einen großen Unterschied.

Es geschieht, dass sich alles verändert – zunächst wird alles seltsamer, dann aber obsiegt das Licht und die Liebe triumphiert!

Wenn du schwach, niedergeschlagen und entmutigt bist, dann begib dich in dein Inneres – so lange, bis du wieder Mut fasst und dich aufrichtest, so lange, bis du wieder voller positiver Energie für dein Tagwerk bist. Gehe in dich und bleibe in der Stille!

Miss den eigenen Launen oder Irritationen keine übermäßige Bedeutung bei. Sie gehen, wie sie gekommen sind.

Alles befindet sich im Fluss, alles kommt und geht, wie Wellen an der Oberfläche des Ozeans. Nur wer tiefer eintaucht, wird von der Stille erfasst.

Wenn du ein Meditierender bist, um ein Liebender zu werden, und wenn du ein Betender bist, der heimkehren will zu Gott, dann wirst du dein Ziel erreichen.

Gott ist mit uns und ich bin bei dir.

MEISTER ST. GERMAIN

„Wenn du dein Bestes gegeben hast und wenn das Beste für das Glück nicht reicht, dann wird Gott zum unbewegten Beweger deines Schicksals."

JESUS CHRISTUS

SORGEN UND ÄNGSTE BEWÄLTIGEN

JESUS CHRISTUS

GEZIELTE BEWUSSTSEINSARBEIT
ICH BIN DAS LEBEN
ICH BIN DER WEG
DIE SORGE IST EINE SCHLECHTE GEWOHNHEIT
ERSTER SCHRITT: GEHIRN UMSCHREIBEN UND SORGEN ENTFERNEN
ZWEITER SCHRITT: GEHIRN UMSCHREIBEN UND ANGSTFREI WERDEN
DRITTER SCHRITT: ÜBERGIB ALLES GOTT!
WELLNESS FÜR DIE SEELE
GOTT BEHÜTET DICH!
NEUES DENKEN, NEUE GEWOHNHEITEN
GOTT IST ALLES!

6. JANUAR 2021

GEZIELTE BEWUSSTSEINSARBEIT

Geliebter Mensch,

die Zeit der großen Umbrüche ist im Gange. Es kann nicht mehr geleugnet werden: Gravierendes geschieht und fundamentale Umstellungen des Lebens auf der Erde stehen bevor.

Jetzt geht es darum, die richtigen Schlüsse zu ziehen und die richtigen Entscheidungen zu treffen. Jetzt geht es darum, bei den Weggabelungen, die sich zeigen, richtig abzubiegen. Trauert dem alten Leben auf Erden nicht nach, denn was jetzt kommt, ist bei Weitem schöner und lichtvoller als alles, was euch bisher Erfüllung und Freude brachte.

Jedoch ehe es so weit ist, gilt es für die Menschheit durch die notwendigen Transformationsprozesse zu gehen und es gilt für den einzelnen Menschen sein inneres Licht zum Leuchten und seine Liebesfähigkeit zum Ausdruck zu bringen.

Das erfordert gezielte Bewusstseinsarbeit. Denn alles, was eines Tages von selbst zu dir gelangt, muss von deinem Herzen und von deiner Seele davor angezogen werden.

Du musst imstande sein, das Licht der Schöpfung und die Liebe des Schöpfers magnetisch anzuziehen. Dann bist du zu allem fähig – weder Sorgen noch Ängste können dich dann erreichen.

Und um die Sorgen und um die Ängste geht es in dieser Bewusstseinsarbeit in der Gnade Gottes.

ICH BIN DER WEG

ICH BIN DER WEG, DIE LIEBE UND DAS LEBEN. ICH BIN OHNE SORGE, ICH BIN FREI VON ANGST!

Diese dich stärkenden Worte halten dich, wenn du sie oft genug sprichst und verinnerlichst, in einer lichten Grundschwingung. Diese Worte sind die erste und zugleich wichtigste Maßnahme, um in dieser Zeit angstfrei und sorglos bleiben zu können.

Denn das ist jetzt das Um und Auf, da eine noch nie dagewesene Angstkampagne über die ganze Menschheit ausgebracht wurde.

Ich bin JESUS CHRISTUS und ich bin mitten unter euch!

Ich gehe den Weg, der dir und der Menschheit jetzt bevorsteht, mit euch!

Wir gehen gemeinsam ein in das Licht und gemeinsam bewältigen wir die Sorgen, die jetzt aufkeimen und die sich zu Ängsten auswachsen, so wir nichts für deren Auflösung beitragen.

Erfreue dich an dieser Bewusstseinsarbeit und an den Heilungen, die jetzt von den Aufgestiegenen Meistern, den Erzengeln und durch Gott selbst gegeben werden. Öffne deinen Geist für die Energie des Lichts und öffne dein Herz für die Kraft der Liebe. Darauf kommt es am Ende an, denn *alles ist nichts ohne die Liebe.*

Geliebter Mensch,

was geschieht derzeit auf der Erde? Der epische Kampf zwischen der Liebe und der Angst, dem Licht und der Finsternis ist in vollem Gange. Obwohl der Sieg des Lichts gewiss ist und obwohl die Kräfte der Finsternis damit begonnen haben, sich selbst zu zersetzen, regiert bei immer mehr Menschen die Sorge und es ist die Angst, die die Herzen von immer mehr Menschen erfasst hat. Warum? Während sich die einen vor dem Corona-Virus fürchten, haben die anderen Angst vor den Corona-Maßnahmen! Zu welcher Gruppe zählst du dich?

Alle Menschen sollen kollektiv in die Angst, in die Trennung und in den Wahnsinn getrieben werden, so lange, bis sie die bereits vorbereiteten Lösungen für diese Probleme akzeptieren. Wisset: Die, die für diese künstlichen Krisen verantwortlich sind, sind jene, die dafür bereits Lösungen in ihrem Sinne entworfen haben. Die, die das Feuer gelegt haben, schreien jetzt am Lautesten, wenn es darum geht, das Feuer zu löschen.

Das ist so weit bekannt und wird von vielen Menschen immer mehr durchschaut.

Jedoch die Ängste bleiben und die Sorgen wollen nicht weichen. Was ist also zu tun? Wie aus dieser Falle herauszukommen und wie bei Verstand zu bleiben? Wie die Nerven zu behalten und mitten in den Stürmen der Zeit ein glückliches Leben zu führen? Wie Sorgen und Ängste zu bewältigen? Auch wenn es das letzte Spiel der Dunkelmächte ist, auch wenn am Ende alles gut wird: Heute bist du in Sorge und heute lähmt dich die Angst.

Diesen zwei Aspekten wollen wir jetzt unsere ganze Aufmerksamkeit schenken, denn am Ende dieser Heilungsarbeit im Lichte Gottes sollst du mit Werkzeugen versehen sein, die dich durch diese Zeit manövrieren und sicher an das Ufer der Neuen Erde mit bewussten und erwachten Menschen bringen.

Widmen wir uns im ersten Teil der Sorge.

DIE SORGE IST EINE SCHLECHTE GEWOHNHEIT

Die Sorge mischt sich gerne in dein Leben ein. „Schließlich gib es genug Gründe für die Sorge!", wirst du sagen, „Wenn ich auf die Welt blicke, dann habe ich sogar allen Grund zur Sorge!"

Ich sage dir, die Sorge ist eine schlechte Gewohnheit, die du jetzt ablegen darfst und sollst. Wenn du in dieser Zeit dein inneres Gleichgewicht behalten oder wiederfinden möchtest, dann ist es an der Zeit, dein gewohnheitsmäßiges Denken – die Sorgen betreffend – abzulegen. Den ganzen Tag über machst du dir Sorgen. Du hast Sorge um Menschen, um Dinge, die du verlieren könntest, Sorge vor Krankheit oder Sorge um dein Leben. Dein Verstand sorgt sich unentwegt. Ohne dass du es bemerkst, keimt der Same der Sorge in dir und es erwächst die Angst. Diese bittere Frucht vergiftet deine Seele und verschließt den Zugang zu deinem Herzen.

Wie der Sorge begegnen? Ändere die Gewohnheit!
Das heißt, verbiete dir, Sorgen zu haben. Wie stellst du das am besten an?

Nimm dir jeden Tag EINE bewusste Stunde Zeit dafür, dass du dir alle Sorgen, die aufkeimen, verbietest. Halte am Anfang zumindest EINE Stunde am Tag sorgenfrei.

Mach täglich Urlaub von den Sorgen? Wie? Indem du, sobald eine Sorge auftaucht, zu dir selbst sagst: Ich verbiete mir diese Sorge!

Danach denke immer an ein schönes Ereignis in deinem Leben, an einen Moment, der dich glücklich machte und wo du frei von Sorge warst.

Trainiere dein Gehirn auf das Abrufen lichtvoller und glücklicher Augenblicke. Das entfernt die Sorge. Es ist ein kleines Training mit großen Auswirkungen auf dein Tagesbewusstsein. Fällt es dir am Anfang schwer, positive Erinnerungen abzurufen, dann ist diese Übung ideal, aber auch dringend für dich!

ERSTER SCHRITT: GEHIRN UMSCHREIBEN UND SORGEN ENTFERNEN

Gehe wie folgt vor:

1) Verbiete dir jede Sorge!
2) Rufe dir glückliche und sorglose Momente in Erinnerung!
3) **Sprich:** ICH BIN DER WEG, DIE WAHRHEIT UND DAS LEBEN. ICH BIN FREI VON SORGE UND VOLLER LIEBE.

Wiederhole bei jeder Gelegenheit Punkt 3 und du wirst dein Gehirn umschreiben und aus der Sorge in das Vertrauen finden.

Es ist eine Arbeit, die sich lohnt und die deinen Alltag lebenswerter macht – weg von der Sorge, die sich einnistet, ohne dass du es bemerkst. Mach dir die Sorgen bewusst, wenn sie auftreten, und beende sie mit diesen Werkzeugen.

Verfahre auf ähnliche Weise mit der Angst. Wovor hast du Angst? Vor der Impfung, vor der Neuen Weltordnung, vor dem Transhumanismus, vor Krieg und Seuchen, vor der Trennung der Menschheit, vor Denunzianten, vor Freiheitseinschränkungen und vor der Zukunft deiner Kinder?

Es gibt unendlich viele Ängste, die heute auftreten können und die dich in einer tiefen Grundschwingung halten.

Ein Mensch mit einer dauerhaft negativen Perspektive zieht genau die Umstände, vor denen er sich fürchtet, wie ein Magnet an.

Das heißt, auch in diesem Falle gilt es die Gegenbewegung einzuleiten.

ZWEITER SCHRITT: GEHIRN UMSCHREIBEN UND ANGSTFREI WERDEN

1) Verbiete dir die Angst!
2) Rufe dir glückliche und angstfreie Augenblicke in Erinnerung!
3) Sprich: ICH BIN DER WEG, DIE WAHRHEIT UND DAS LEBEN. ICH BIN FREI VON ANGST UND VOLLER LIEBE.

Nimm dir jeden Tag für diese bewusste Hinwendung an deine Ängste Zeit. Bewältige sie, indem du sie zuerst wahrnimmst und respektierst! Danach weise sie zurück, verbiete dir, Angst zu haben, und programmiere dein Gehirn neu.

Dein Gehirn nimmt Angst oder Liebe gleichsam wahr, es ist nur die Frage, womit du dich beschäftigst. Angst schwächt dein Nervensystem. Liebe stärkt und heilt es.

Beschreibe dein Gehirn neu, beschreibe deine Nervenbahnen mit schönen, lichtvollen, freudigen und friedfertigen Erlebnissen. Das sind die Übungen, die dir ein Leben in der ansteckenden Energie von Freude zurückbringen.

Du wirst sagen: „Gut, mir gelingt es über weite Strecken angstfrei und sorglos zu sein.

Doch immer wieder erreichen mich Sorgen und auch Ängste verschwinden nicht ganz. Manchmal fühle ich mich ohnmächtig im Angesicht so vieler Ängste und ängstlicher Menschen, die mich umgeben. Die Sorgen, die Negativität, die täglich über den Äther ausgestreut wird, wirken sich auch auf mein Leben aus und kaum habe ich eine Angst entfernt, kommt schon die nächste."

Wie ist damit zu verfahren?

3 SCHRITTE: ÜBERGIB ALLES GOTT!

Geliebter Mensch,

es gibt einen Punkt in deinem Leben, an dem du alles Weitere Gott überlassen sollst! Was ist zu tun: Gib immer dein Bestes und übergib in der Folge das – was du nicht direkt beeinflussen kannst und was nicht direkt in deiner Hand liegt – Gott.

Gott wartet auf deinen Auftrag und er wartet darauf, dass du dich mit IHM direkt verbindest. Niemand ist alleine auf dieser oder auf einer anderen Welt. Kein Mensch, auch du nicht, muss die Welt alleine retten oder den Kampf, der jetzt auf dieser Erde tobt, alleine führen.

Gib immer dein Bestes!

Sorge dafür, dass deine Sorgen weichen. Doch gelangst du an einen Punkt, an dem du nicht weiterkannst oder weiterweißt, dann übergib alles Gott.

Verfahre so auch mit deinen Ängsten und mit allen Problemen, mit denen du konfrontiert wirst:

- Ermächtige dich selbst, sodass du deinen SORGEN offen und weise gegenübertrittst, das heißt, die Fähigkeit zu entwickeln, die SORGEN vergessen zu können und sie aus dem gewohnten Denken zu entfernen.
- Ermächtige dich selbst, sodass du deinen ÄNGSTEN offen und weise gegenübertrittst, das heißt, die Fähigkeit zu entwickeln, die ÄNGSTE vergessen zu können und sie aus dem gewohnten Denken zu entfernen.

WELLNESS FÜR DIE SEELE

Wellness von den Sorgen, Wellness von den Ängsten, heißt Wellness für die Seele – das funktioniert, sobald du dich täglich damit beschäftigst und dir deiner Kraft und Macht bewusster wirst.

Dennoch gibt es Momente, wo du nicht weiterkannst oder weiterweißt! Das ist das Leben des Menschen auf Erden.

Erst der Erleuchtete ist befreit davon, da er auf einer Schwingungsebene lebt, auf der weder die Sorge noch die Angst existieren können.

Doch auch der Erleuchte übergibt alles an Gott! Deshalb verinnerliche bitte diese Wahrheit: Gott wartet nur darauf, für dich in Erscheinung treten zu können – und sei dir gewiss:

Wenn du dein Bestes gegeben hast und wenn das Beste für das Glück nicht reicht, dann wird Gott zum unbewegten Beweger deines Schicksals.

JJK: Heute – bei meinem Waldspaziergang, als sich diese Botschaft bereits ankündigte und ich über die Macht GOTTES und SEIN Eingreifen nachdachte – kam ich am Dorfrand an einem katholischen Bildstock vorbei. Unter einem Marienbild las ich die Inschrift:
„Denn er befiehlt seinen Engeln, dich zu behüten auf all deinen Wegen." (Psalm 91,11)

JESUS CHRISTUS: Das ist die unabänderliche Wahrheit und das göttliche Gesetz für alle Welten und alle Wesenheiten auf und in allen Welten. Verbiete dir niedrige Schwingungsfelder und es geschieht! Gib dein Bestes und übergib alles Weitere Gott. Gott befiehlt seinen Engeln, dich zu behüten auf allen deinen Wegen.

Das ist es, was du begreifen kannst, erfassen sollst und in dein Leben integrieren darfst. Gott behütet dich!
(Meisterdialoge 7, Du bist behütet)[7]

GOTT BEHÜTET DICH!

Noch immer haben zu viele Menschen Gott aus ihrem Leben verbannt. So sind Ängste und Sorgen „normal", jedoch, das muss nicht sein. Du kannst es sofort ändern, du hast es in der Hand! Niemand zwingt dich dazu, den Samen der Sorge keimen zu lassen, sodass am Ende die Frucht der Angst entsteht. Willst du dein Leben weiterhin vergiften?

Du sagst: „Aber die Umstände auf Erden, die Problemstellungen waren noch nie so massiv wie heute! Wie da sorglos sein oder angstfrei werden?"

Ich sage dir: Jede Zeit hat ihre Menschen und exakt die Herausforderungen, die diese Menschen gewählt haben und meistern können. Heute stehen viele Menschen vor großen Wachstumsschritten. Alle Krisen, die jetzt auftreten, dienen dafür, diese Entwicklung zu vollziehen und die Wachstumschancen zu nutzen.

In vielen vergangenen Leben habt ihr mit Krisen umzugehen gelernt.

Nun ist die Zeit eurer Meisterschaft gekommen.

Gewissermaßen befinden sich viele von euch in der Abschlussprüfung – dass ihr sie meistern werdet, steht außer Frage! Doch du zweifelst gerne daran.

NEUES DENKEN UND NEUE GEWOHNHEITEN

So gehe hin und ändere dein Denken! Lösche ungünstige, alte Gewohnheiten und ersetze sie mit neuen, guten Gewohnheiten.

Wenn es deine Gewohnheit ist, dich zu sorgen, so kann es auch zu einer Gewohnheit werden, sorglos zu sein – frei von Sorge!

Mit den einfachen Übungen und Werkzeugen, die ich dir heute vorgestellt habe, wirst du wieder Lebensfreude kreieren und von der dichten Angstschwingung, die sich jetzt auf der Welt ausbreitet, weitgehend unerreicht bleiben. Verwandle die Angst in kreative, positive Energie und nimm die Sorge als Anlass dafür, der Freude mehr Aufmerksamkeit zu schenken.

JJK: Wie kann aber den Menschen geholfen werden, die in der Angst und Sorge stecken bleiben?

JESUS CHRISTUS: **Sobald du fest in dir stehst, sobald du nicht mehr auf deine Sorgen blickst oder dich vor deinen Ängsten in Acht nehmen musst, bist du bereit, jenen ein Licht zu sein, die sich in der Finsternis verlaufen.**

Das heißt, zuerst heile dich, zuerst bringe dich in deine Mitte, zuerst öffne deinen Zugang zum Herzen und entspanne deinen Geist und deine Nerven.

Das Wichtigste ist: dass du selbst ganz bleibst oder ganz wirst! Alles andere übernimmt Gott! Und auch die Menschen, die nach Hilfe und Trost suchen, finden von selbst zu dir.

Deine Aufträge können sich während eines Lebens wandeln, doch sie werden dir erst dann enthüllt, wenn du dich in ihre Richtung bewegst und bereit bist dafür.

GOTT IST ALLES!

Geliebter Mensch,

du hast allen Grund zur Freude. Bewege dich täglich aus der Sorge heraus! Übe mit dir selbst, befreie dich selbst und verbiete dir mit Gottes Hilfe und unter dem Schutz der Engel alle Sorgen und Ängste. Lenke dich dort ab, wo es möglich ist, das heißt, richte deine Aufmerksamkeit auf erhebende Dinge und Situationen. Sobald sich die Sorge zeigt, betrachte sie und handle, sobald Angst entsteht, betrachte sie und handle. Befasse dich mit Dingen, die dir Freude bereiten, und umgib dich mit Menschen, die Freude ausstrahlen.

ICH BIN DER WEG, DIE WAHRHEIT UND DAS LEBEN. ICH BIN FREI VON SORGE UND ICH BIN FREI VON ANGST.

In jeder Situation kannst du dieses Gebet der Selbstermächtigung sprechen. In jeder Lebenslage ist es dir eine große Hilfe.

Menschen, die nach Vollendung streben, achten auf ihre innere Mitte, auf ihren Schlüssel zum Herzen und sie gehen eine tiefe Verbindung mit Gott ein. Die Hingabe ist dann vollkommen und der Mensch vollendet sich in Gott.

Gib dein Bestes und warte ab, was Gott mit dir vorhat.
Gib dein Bestes und sieh, wie sehr dich Gott liebt.
Dein Leben ist in SEINEN Händen. Deine Sorgen und die Ängste sind es umso mehr.

Gott ist alles.

JESUS CHRISTUS

„Es ist ein berauschendes Erlebnis, wenn sich zwei Wesenheiten, die als Menschen verbunden waren, als Engel wiederverbinden. Da die feinstofflichen Körper durchlässiger sind, ist das Erleben der Verschmelzung weitaus intensiver als auf der Erde."

ERZENGEL JOPHIEL

URLAUB AUF ERDEN UND SEX IM HIMMEL

ERZENGEL JOPHIEL

NACH DEM TOD IST VOR DEM LEBEN
ERDENLEBEN IST GNADE
URLAUB AUF ERDEN
SEX IM HIMMEL
WAS IST DAS SPIEL?

14. JANUAR 2021

NACH DEM TOD IST VOR DEM LEBEN

JJK: Ich habe gelesen, dass wir, sobald wir nach dem Sterben in der feinstofflichen Welt ankommen, uns dann oft nach der Erde sehnen. Manchmal begeben wir uns dann auf „Urlaub" auf die Erde – zur Erholung – und wir suchen die Orte auf, zu denen wir eine besondere Verbindung hatten. Auch Sex ist uns als feinstoffliches Wesen möglich. Wir können unseren Körper wiedererschaffen und eine noch vollständigere Verschmelzung mit dem Partner erfahren als auf Erden. Die Körper sind feinstofflicher und können sich durchdringen. Stimmt das so?

ERZENGEL JOPHIEL: Freude ist das Markenzeichen einer befreiten Seele. Nachdem ein Mensch gestorben ist, kehrt seine Seele zu seiner Seelenfamilie zurück. Je nach „Belastungen" oder Folgeerscheinungen des beendeten Lebens hat die Seele zuerst entweder das Bedürfnis, alleine zu sein oder sofort zur eigenen Seelenfamilie zurückzukehren.

Nach schweren und anstrengenden Leben braucht eine Seele oftmals Ruhe, Stille und die Begleitung von Meistern, damit Frieden hergestellt wird und Heilungen geschehen können. Ab einem bestimmen Moment sehnt sich jede Seele nach der Heimkehr zur Seelenfamilie und sie wird dort immer voller Freude erwartet.

Niemand urteilt oder verurteilt, da eine jede Seele die Herausforderungen eines Erdenlebens kennt. Seelenfamilien werden durch den Grad der spirituellen Reife bestimmt, das heißt, es finden immer jene Seelengruppen zusammen, die auf einem ähnlichen Level der Entwicklung stehen. Die Gruppen werden von Meisterseelen gefördert und jede Seele hat einen Lehrer, den sie meist über sehr lange Perioden kennt, schätzt und liebt.

ERDENLEBEN IST GNADE

Eine Verkörperung auf Erden ist immer eine besondere Herausforderung und zugleich auch eine besondere Gnade.

Auch wenn ihr auf der Erde oftmals mit eurem Schicksal und Leben hadert, seid euch gewiss, es ist eine von euch zutiefst erwünschte Herausforderung, der sich nur Seelen, die auf anderen Ebenen und auf anderen Planeten bereits Meisterschaft erlangt haben, stellen dürfen.

Jetzt also bist du im Jenseits angekommen. Der irdische Tod ist noch nicht lange her, das Begräbnis findet gerade statt – und was machst du, wo bist du?

Es obliegt deiner Wahl, ob du noch eine Zeit lang, es sind meist nur einige Tage, auf der Erde bleibst, um den Hinterbliebenen Trost zu spenden, oder aber, ob du direkt zurückkehrst zu deiner Seelenfamilie. Wurde dein Leben überraschend abgebrochen und kommen die geliebten Menschen, die zurückbleiben, damit schlecht zurecht, dann entscheiden sich viele Seelen dafür, noch eine Zeit lang auf der Erde zu bleiben. Der „Verstorbene" ist jetzt ein Geistwesen. Du kannst Räume überwinden und auch die feinstofflichen Werkzeuge verwenden.

So ist jede Seele, die eine bestimmte Stufe der Reifung erreicht hat, daran interessiert, die Hinterbliebenen zu begleiten, bis sie mit der Trauer besser umgehen oder sie bewältigen können. Du bleibst also noch eine kurze Zeit bei deinen menschlichen Geschwistern, du reparierst oder polierst ihre Aura, sendest ihnen hoffnungsvolle Träume und gibst ihnen im Alltag Kraft durch deine Präsenz. Feinfühlige Menschen spüren das.

Sobald diese Aufgabe erfüllt ist, hast du es sehr eilig, nach Hause zu kommen. Sehr rasch findest du dich bei deiner Seelenfamilie ein. Das vergangene Leben wird besprochen, Wunden werden geheilt und Verständnis wird gewonnen. In vertrauter und liebevoller Atmosphäre findest du dein vollständiges Selbst wieder. Ab einem bestimmten Moment beginnst du dein neues Leben zu planen.

Du suchst nach neuen Herausforderungen, du suchst nach dem Ort und deinen zukünftigen Eltern, du wählst dein Geschlecht und deinen Körper und du bestimmst deinen Eintrittstag für das neue Leben auf der Erde.

URLAUB AUF ERDEN

Davor aber bist du reines geistiges Bewusstsein. Als solches ist es dir möglich, jeden Körper zu formen oder anzunehmen. So ist es ganz natürlich, dass du oftmals auf der Erde im feinstofflichen Körper „Urlaub" machst. Bestimmte Orte haben es dir besonders angetan und nichts steht dem im Wege, dorthin zurückzukehren.

Unsichtbar für die Menschen liegst du womöglich am Strand oder reitest auf einer Welle. Das ist dir möglich und ab einer bestimmten Stufe in deiner Entwicklung ist dir alles möglich.

SEX IM HIMMEL

Auch sexuelle Erfahrungen sind Teil des Ausdrucks einer Seele, die ins Licht zurückgekehrt ist. Als Engel, der wiederholte Male als Mensch inkarniert hat, ist es dir jederzeit möglich, den menschlichen Körper deiner Wahl zu erschaffen.

Feinstofflicher und durchlässiger, aber feststofflich genug, sodass eine Vereinigung mit geliebten Menschen möglich ist. Sex existiert in den feinstofflichen Reichen genauso wie alles, was Freude bereitet und dem Ausdruck von Liebe gerecht wird.

Es ist ein berauschendes Erlebnis, wenn sich zwei Wesenheiten, die als Menschen verbunden waren, als Engel wiederverbinden. Da die feinstofflichen Körper durchlässiger sind, ist das Erleben der Verschmelzung weitaus intensiver als auf der Erde.

JJK: Manchmal denke ich mir, wenn nur genug Menschen wüssten, dass das Leben nach dem Tod auf wunderbare Weise weitergeht, dann wären sie viel entspannter. Die Fixierung auf den Körper oder auf dieses eine Leben, die Angst, dass der Tod das Ende von allem sei, führt nur dazu, dass die Menschen irrationale Ängste entwickeln und sehr leicht zu manipulieren sind.

Für wen der Tod das Ende der Fahnenstange ist, für den ist jede Bedrohung des Lebens unerträglich. So können die dunklen Kräfte mit Todesängsten der Menschen spielen und sie geschickt für ihre Zwecke einsetzen.

Ängste vor dem Klimawandel, einem Weltuntergang, vor einem Krieg oder einem tödlichen Virus setzen sich in einem a-spirituellen Menschen ganz anders fest, als in einem Menschen, der weiß, dass er irgendwann sowieso stirbt und danach ganz bestimmt zu seiner geistigen Familie zurückkehrt.

Ist eigentlich dieser Mangel an Wissen die Grundursache aller Ängste?

WAS IST DAS SPIEL?

ERZENGEL JOPHIEL: Angst ist die spannendste Energiestruktur, der sich ein Mensch auf Erden aussetzt. In den Reichen des Lichts gibt es keine Angst! Der Engel, der du bist, kennt keine Angst. Die Angsterfahrungen, die auf der Erde möglich sind, sind für eine angstfreie Seele überwältigend.

Das Spiel besteht darin, das zu durchschauen, die Illusion von Angst zu meistern. Dieser Herausforderung wollen sich sehr viele Seelen stellen und es herrscht ein großer Andrang von Engeln, die einen irdischen Zyklus beginnen wollen.

JJK: Das heißt, wer die Angst meistert, erlangt die Meisterschaft über diese Ebene.

ERZENGEL JOPHIEL: ***Meisterschaft bedeutet, dass du als Mensch – mitten im Spiel – das Spiel durchschaust.***

Meisterschaft heißt, das Vollkommene im Unvollkommenen zu erkennen.

Mit diesen Einblicken in das Jetzt und in deine unwandelbare Zukunft verabschiede ich mich für heute.

Wir alle sehen uns wieder, denn ein jeder Mensch hat ein tiefes Verlangen nach dem Licht – und eines Tages beginnt dich deine Seele aufzuwecken und sie ruft dir deine Unvergänglichkeit in Erinnerung.

Ich bin ERZENGEL JOPHIEL

„Deine Seele kennt Gott und dein Gewissen hört SEIN Flüstern."

JESUS CHRISTUS

DAS FLÜSTERN GOTTES

JESUS CHRISTUS

WENN DER SCHMERZ SICH LOHNT
AKTIVIERUNG DES GÖTTLICHEN FUNKENS
GEWISSEN, GEWISSHEIT UND WISSEN
DER ESEL MACHT IAH
DEINE SEELE KENNT GOTT

27. JANUAR 2021

WENN DER SCHMERZ SICH LOHNT

Eines Tages sah man Nasruddin auf der Straße eine furchtbare Grimasse ziehen. Jemand fragte ihn: „Meister, was ist mit dir los?" „Ach, ich habe solche Schmerzen an den Füßen." „Warum denn?" „Weil meine Sandalen so eng sind." „Ja, warum trägst du denn so enge Sandalen?" Da lachte Nasruddin verschmitzt und sagte: „Abends, wenn ich zu Hause bin und die Sandalen ablege, dann ist das ein so wunderbares Gefühl. Und dafür rentiert es sich, den ganzen Tag Schmerzen zu haben."[8]

Fühlt sich dein Leben manchmal so an? Dann ist es Zeit, die viel zu engen Sandalen für immer auszuziehen!

Geliebter Mensch,

dieses Sinnbild beschreibt die Enge, in der viele Menschen leben. Die Enge des Bewusstseins, der Minderwertigkeit und die geringe Selbstachtung schnüren ein Menschenleben ein und deformieren eine Seele bis zu Unkenntlichkeit. Viele Menschen tragen viel zu enge Schuhe und sie sind eingesperrt im Gefängnis ihrer Vorstellungen und Gedanken. Manchmal erleben sie Befreiung, dann, wenn sich Dinge, die gestaut waren, entladen. Das kann sogar als Glücksmoment erfahren werden und eine gewisse Sucht nach diesen Momenten entsteht.

Wut, Zorn, Neid, Eifersucht und Hass werden nur geboren, da du viel zu enge geistige Schuhe trägst.

Weite also das Bewusstsein. Wie geht das? Indem du den göttlichen Funken in dir als Realität akzeptierst. Wenn du das Göttliche völlig zurückweist, dann brauchst du hier nicht weiterzulesen – es ist Zeitverschwendung.

AKTIVIERUNG DES GÖTTLICHEN FUNKENS

Ist der göttliche Funke für dich eine Möglichkeit, dann bist du hier richtig und wir machen uns an das Aktivieren:

1) Bitte Gott um direkte Führung in deinem Leben.
2) Bitte Gott so lange danach, bis du klar erkennen kannst, dass sich diese Führung eingestellt hat.

Die göttliche Führung zu erkennen lernen, ist der erste und wichtigste Schritt, um ungeeignetes Schuhwerk abzulegen.

Dein göttlicher Funke äußert sich als „Gewissen" und ist dann aktiviert, wenn du einen selbstverständlichen Austausch mit deinem Gewissen pflegst.

Über dein Gewissen kannst du das Göttliche erfahren. Hörst du darauf, dann weitet sich dein Bewusstsein und dein Leben ist voll von göttlichen Interventionen. Gibst du Gott einen Platz in deinem Leben, dann wirst du reich beschenkt.

GEWISSEN, GEWISSHEIT UND WISSEN

Ge-wissen, kommt von Wissen – von innerem Wissen und von Gewissheit. So ist es essenziell, dass du mit deinem Gewissen in ständigem Austausch stehst – und alles, was dir dein Gewissen rät, befolgst.

Viele Menschen unterdrücken diese innere Stimme und so verlieren sie die Orientierung im Leben.

Der innere Kompass eines Menschen ist das Gewissen. Über diesen Weg offenbart sich dir das Gute, das Schöne und du weißt, was du vermeiden sollst. Wege und Auswege, JA und NEIN werden dir aufgezeigt.

Die Verbindung mit dem eigenen Gewissen haben viele Menschen gekappt. Anderenfalls wären Verbrechen unmöglich, jedes Unrecht befände sich außerhalb der menschlichen Vorstellungen.

Der göttliche Funke in dir macht sich durch dein Gewissen bemerkbar. Aktivere es und du bist wieder angebunden an die Quelle.

Alle Menschen, die damit hadern, dass sie womöglich eine zu geringe Anbindung an das Göttliche haben, können sicher sein, dass dies ein Irrtum ist, solange sie nach bestem Wissen und Gewissen handeln und leben.

JJK: Wie können Menschen, die diese innere Verbindung zu ihren Gewissen gekappt haben, geheilt werden?

JESUS SANANDA: Leben für Leben kommen die jungen Seelen den Erkenntnissen näher. Es wird gegeben, wenn die Zeit dafür reif ist.

JJK: Das heißt, wir werden derzeit überwiegend nur von „jungen Seelen" regiert. Unsere Politiker sind ja leider fast ausnahmslos nicht als unbedingt „weise" zu bezeichnen.

JESUS SANANDA: Jüngere Seelen oder alte Seelen, die sich unbewusst oder bewusst der dunklen Macht verschrieben haben. Ja!

JJK: Das Gewissen ist der göttliche Funke in uns und darüber spricht Gott zu uns. Wir wissen, was gut und was weniger gut ist, wenn wir auf das Gewissen hören.

Was aber ist mit jenen Menschen, die behaupten, auf ihr Gewissen zu hören, dann aber dennoch sehr viel Unheil anrichten? Gerade Politiker tragen eine „Gewissensnot" in ihren Reden manchmal wie eine Monstranz vor sich her.

JESUS CHRISTUS: An ihre Taten könnt ihr sie erkennen. Etwas zu sagen und etwas zu tun, ist etwas ganz anderes. Die Gewissenlosen neigen gerne dazu, das Gewissen ins Treffen zu führen. Ein Mensch, der Gutes will und Gutes tut, bemüht sein Gewissen nicht – denn er weiß und handelt auf ganz selbstverständliche Weise.

Wer schlechte Taten mit dem Gewissen kaschiert, blendet nicht nur die Menschen, sondern vor allem sich selbst.

JJK: Ich denke jetzt an die Corona-Maßnahmen! Die werden uns ja als alternativlos verkauft. Noch nie haben die Politiker so gelogen.

DER ESEL MACHT IAH

Österreichs Bundeskanzler Sebastian Kurz strapaziert, um die verheerenden Maßnahmen immer wieder zu verlängern, gerne den Satz: *„Es ist nicht meine Aufgabe, die Bevölkerung anzulügen!"*

Tatsächlich aber entfernt er sich immer mehr von der Wahrheit! Denn bei dieser Corona-Erzählung ist einfach gar nichts mehr wahr, sondern fast alles nur noch erfunden und gelogen. Sogar die WHO musste mittlerweile einsehen, dass ein positiver PCR-Tests keine COVID-19-Infektion nachweisen kann und dass ein zweiter Test zusammen mit einer klinischen Diagnose erforderlich ist. Was viele Ärzte, Wissenschaftler und Anwälte schon seit Monaten sagten, ist jetzt kein Unfug mehr, den unterbelichtete Corona-Leugner verbreiten, sondern wird von der WHO offiziell bestätigt. Mir gehen wirklich bald die Verschwörungstheorien aus, da sich alle bewahrheiten.

Der Esel macht schon längst IAH und die Politiker wollen immer noch, dass wir ihnen glauben:

"Ein Nachbar kam zu Nasruddin und fragte: "Leihst Du mir heute deinen Esel?" "Sonst sehr gerne, aber heute habe ich meinen Esel schon an jemand anderen ausgeliehen", sagte der Mullah. In diesem Augenblick schreit der Esel: "Iaaah." "Aber Mullah, sprach der Nachbar, "ich höre deinen Esel doch dort hinter der Mauer." "Glaubst du mir oder dem Esel?", entgegnete der Mullah entrüstet."[9]

Meine Frage: Glauben derart gelagerte Politiker, während der Esel im Stall steht, selbst das, was sie sagen?

Und: Ist jeder Mensch, da er ein Gewissen besitzt, für seine Handlungen verantwortlich?

DEIN GEWISSEN HÖRT SEIN FLÜSTERN.

JESUS SANANDA: Ältere Seelen sind sich ihres destruktiven Handelns voll bewusst. Jüngere Seelen werden oft eingenommen und ab einem bestimmen Punkt glauben sie nicht mehr, aussteigen zu können. Jeder Mensch ist für seine Handlungen verantwortlich! Nachdem ein Mensch seinen Körper verlässt und ins Sein zurückkehrt, werden die Umstände bestimmter Handlungen genau beleuchtet.

Aus der Verantwortung entlassen wird kein Mensch und das möchte auch niemand werden, sobald ihm die größeren Zusammenhänge bewusst sind.

Zusammengefasst: Jeder Mensch erfährt Negativität anders und erlebt die „böse Tat" im eigenen seelischen Kontext. Allen gemein ist, dass diese Taten nach karmischem Ausgleich verlangen.

Es ist also notwendig, dass diese Menschen eines Tages in den Spiegel blicken und sich schockiert von sich selbst abwenden. Das Aufwachen und die Heilungen können beginnen.

Geliebter Mensch,

wisse, dass du von göttlicher Schwingung getragen wirst und umgeben bist. Verfeinere die Wahrnehmung und lass dich noch mehr auf das Leben und auf Gott ein.

Weite dein Bewusstsein und schnüre keine engen spirituellen Sandalen, sodass sie Schmerzen bereiten.

Gott ist unbegrenztes allgegenwärtiges Bewusstsein und teilt sich dir durch das Gewissen mit. Kein Mensch ist von dieser göttlichen Nähe ausgeschlossen, es sei denn, er selbst wählt die Isolation.

Liebe deine Entscheidungen, die nach bestem Wissen und Gewissen getroffen wurden und handle immer danach. Deine Seele kennt Gott und dein Gewissen hört SEIN Flüstern.

Gott ist mit dir, in Ewigkeit.

JESUS CHRISTUS

„Wer seine raue Schale verliert, wird mitfühlend, wer sein eigenes Leid gesehen hat, fügt keinem Wesen Leid zu."

MEISTER KUTHUMI

KOMMEN TIERE IN DEN HIMMEL?

MEISTER KUTHUMI

HABEN TIERE UND PFLANZEN EINE SEELE?
HAUSTIERE IM JENSEITS
MENSCH STAMMT NICHT VOM AFFEN AB!
WAS ERLEBT EIN FLEISCHHAUER NACH DEM TOD?
TIERWELT IM JENSEITS
SCHLACHTHÖFE BEDINGEN SCHLACHTFELDER

28. JANUAR 2021

HABEN TIERE UND PFLANZEN EINE SEELE?

JJK: Haben Pflanzen und Tiere eine Seele und kommen diese Seelen nach dem Sterben auch auf der anderen Seite des Schleiers an? Gibt es einen Himmel für unsere Pflanzen und Tiere?

MEISTER KUTHUMI: Ich segne dich, der du diesen Worten aus dem Licht lauschst. Ich bin mitten unter euch und ich bin jetzt, während du dies liest, bei dir!

Ja, Pflanzen und Tiere sind genauso beseelt, wie Menschen es sind. Nachdem eine Pflanze oder ein Tier die Erde verlässt, wechselt die Wesenheit mit dem Energiekörper in die feinstofflichen Reiche.

JJK: Können also Menschen, die ein geliebtes Haustier verloren haben, dem Tier nach dem Tod im „Himmel" begegnen?

MEISTER KUTHUMI: Begegnungen und Zusammenführungen dieser Art sind sehr häufig. Tiere sehnen sich oft nach jenen Menschen, die sie auf der Erde gut behandelt haben. Umso freudiger sind die Begegnungen auf der anderen Seite des Schleiers.

JJK: Bleiben zum Beispiel Hunde auch in der geistigen Welt die treuen Begleiter eines Menschen?

HAUSTIERE IM JENSEITS

MEISTER KUTHUMI: Nicht so, wie auf der Erde, es ist freier und sehr oft entscheidet sich der Mensch, lieber die Tiere zu besuchen oder eine bestimmte Zeit mit ihnen zu verbringen, als dass er sich dauerhaft mit Tieren umgibt. Es gibt Menschen, auf die trifft das zu, und sie sind auch im Jenseits ständig von Tieren umgeben. Sie sind auf seelischer Ebene vollkommen mit den Tieren verbunden und das geht auch nach dem Tode weiter. Das ist aber die Ausnahme.

JJK: Was ich immer schon wissen wollte, ist, ob ein Mensch als Tier und ein Tier als Mensch inkarnieren kann? Gibt es diesen Seelentransfer vom Tier zum Menschen oder umgekehrt? Ich habe gehört, Hitler soll ein Leben als Hund, der schlecht behandelt wurde, zum Ausgleich für seine Taten geführt haben. Stimmt das?

MEISTER KUTHUMI: Zweimal NEIN! Die Seelen von Pflanzen, Tieren und Menschen sind anders beschaffen. Hier gibt es keinen direkten Transfer. Was existiert, ist, dass der Mensch bestimmte Seelenanteile integrieren kann. Das geschieht bei jenen Menschen, die sich zu Tieren sehr hingezogen fühlen und die viele Leben mit Tieren verbringen. Ein Mensch kann genauso wenig ein Tier werden, als ein Tier ein Mensch werden kann.

Es gibt Eigenschaften, die übernommen werden können. Die ganze Seele kann aber nicht umgeformt werden, da Pflanzen-, Tier- und Menschenseelen eine andere Struktur aufweisen.

Ein Mensch kann sich als Tier fühlen, sich auf einer mystischen Reise beispielsweise als Elefantenkuh oder als Adler erfahren, das heißt aber nicht, dass er mit Leib und Seele dieses Tier ist. Das beantwortet auch deine zweite Frage.

JJK: Eine Hauskatze, der langweilig war, könnte aber zum Beispiel entscheiden, im nächsten Leben als Tiger geboren zu werden – oder ein Hund als Wolf?

MEISTER KUTHUMI: Das ist möglich und kommt regelmäßig vor. Haustiere inkarnieren wiederholt als Haustiere und das bei den gleichen Menschen. Deshalb erkennen viele Menschen beispielsweise in ihrem Hund ein Tier, das sie schon einmal hatten.

Bestimmte Charaktereigenschaften geben dementsprechende Hinweise. Tiere sind dem Menschen sehr verbunden und sie stehen euch bei, um euch bestimmte Entwicklungsschritte zu erleichtern.

MENSCH STAMMT NICHT VOM AFFEN AB!

JJK: Ist dann das Menschenbild Darwins, dass der Mensch vom Affen abstammt, auch zu hinterfragen?

MEISTER KUTHUMI: Dieses Menschenbild ist falsch!

Der Mensch wurde als einmaliger Ausdruck Gottes erschaffen und stammt nicht von Affen oder von einer anderen tierischen Spezies ab. Das ist ein großer Irrtum der Wissenschaft, der dafür sorgt, dass sich viele Menschen nicht vorstellen können, welch göttliches Geschöpf sie in Wahrheit sind.

In diesem Sinne ist der Mensch die „Krone der Schöpfung", allerdings lässt sein Verhalten noch sehr zu wünschen übrig.

Der Mensch ist Hüter und Verwalter der Erde, Heger und Pfleger der Pflanzenwelt und Freund der Tiere. Das ist der ursprüngliche Auftrag.

Nur die meisten Menschen ignorieren diesen seit Jahrtausenden. Heute wird das richtiggestellt und immer mehr Menschen sehen, dass ihre Beziehung zu den Geschöpfen dieser Erde sehr verbesserungswürdig ist.

WAS ERLEBT EIN FLEISCHHAUER NACH DEM TOD?

JJK: Was erlebt zum Beispiel ein Fleischhauer, nachdem er gestorben ist und auf der anderen Welt ankommt? Begegnet er allen Tieren, die er geschlachtet hat? Erlebt er deren Leid?

MEISTER KUTHUMI: Völker, die auf tierische Nahrung angewiesen sind und die sich mit dem Geist, der Seele der Tiere, bevor sie diese erlegen, verbinden, erhalten meist eine positive Antwort, das heißt, diese Tiere stellen sich in der Tat zur Verfügung. Das ist aber der geringste Teil aller Tiere auf diesem Planeten und betrifft nur jene Völker, die mit dieser Verantwortung umgehen können und die niemals an Ausbeutung oder ähnliches denken.

Geht es um das reine Überleben, dann ist das Essen von Tieren gestattet und die Tiere gestatten es.

Ein Fleischer, so wie er in der modernen Welt auftritt und handelt, wird, wie jeder Mensch, nach seinem Tod mit seinen Taten konfrontiert. Die Begegnung mit dem Leid, das er verursacht hat, und die Begegnung mit den Tieren, denen das Leid zugefügt wurde, kann nicht ausbleiben. Das ist Teil der Vergebungs- und Heilungsarbeit.

Manch menschliche Seele braucht mehrere Leben, um ein Unrecht in diesem Tun zu erkennen. Nach entsprechender Reifung lässt jede Seele davon ab, Tiere zu essen oder sie gar zu quälen.

JJK: Gibt es unterschiedliche Tierhimmel – ich meine, sind Tiere des Wassers, der Luft und der Erde vereint oder getrennt im Himmel?

TIERWELT IM JENSEITS

MEISTER KUTHUMI: Auf der feinstofflichen Ebene gibt es für jedes Wesen die natürliche Umgebung. Wie auf der Erde leben die Tiere auch in lichten Sphären so, wie sie es wünschen und brauchen.

Die Tierwelt im Jenseits ergibt ein Bild von vollkommener Harmonie. Dort trinken die Ziege und der Löwe, der Fuchs und die Hühner von einer Wasserstelle.

Die Parole, dass der Stärkere den Schwächeren frisst, existiert nur auf Erden dieser Dichte, da die Tiere die negative Schwingung der Menschheit aufnehmen und ihr Verhalten diesem Muster anpassen. Auf der zukünftigen Erde der 5. Dimension werden Wildtiere genauso menschenfreundlich sein wie Haustiere.

Kaltherzigkeit existiert aufgrund der lebens- und liebesfeindlichen Schwingung auf der Erde. Dass unter den Menschen Kriege ausbrechen und dass die Menschen gegen Tiere Kriege führen, ist die logische Folge. Mit der derzeitigen Schwingungserhöhung der Erde ändert sich das – alles wird feiner, lichter und wahrhaftiger.

SCHLACHTHÖFE BEDINGEN SCHLACHTFELDER

JJK: Der große russische Erzähler und Romanautor LEO TOLSTOI (1828 – 1910), selbst Vegetarier, sagte: *„Solange es Schlachthöfe gibt, wird es auch Schlachtfelder geben."* Zudem erklärte Tolstoi, der Mensch müsse Fleischnahrung aufgeben, wenn er sich moralisch weiterentwickeln wolle. Dem ist wohl nichts hinzuzufügen.

MEISTER KUTHUMI: Das ist eine positive Entwicklung, die immer größere Kreise zieht. Das Essen von Fleisch ist einem fühlenden und mitfühlenden Menschen von Natur aus unmöglich. Mitgefühl war aber bisher eine unterrepräsentierte Qualität auf diesem Planeten. Heute ist das anders und der Wind hat gedreht. Das Transformationsgeschehen auf der Erde veranlasst jetzt immer mehr Menschen dazu, ihre Haltung den Tieren gegenüber zu überdenken und die Essgewohnheiten zu ändern.

Wer seine raue Schale verliert, wird mitfühlend, wer sein eigenes Leid gesehen hat, fügt keinem Wesen Leid zu.

Das ist die Transformation, in der sich die Menschheit heute befindet, von der Armut an Gefühlen zum Mitgefühl – und es entsteht LIEBE.

In diesem Geiste segne ich dich. Du bist ein Freund der Tiere, so, wie die Tiere deine Freunde sind.

Ich bin MEISTER KUTHUMI

„Sobald deine Liebe zu Gott alles überwiegt – beginnt sich alles zu verändern."

SAI BABA

„PAPA, ICH BIN EH DA!"

SAI BABA

TRAUM
INFORMATIONEN AUS DEN
SPIRITUELLEN REICHEN
„TÄGLICH GRÜSST DAS MURMELTIER"
WAS FÜHRT ZUM ERFOLG

14. FEBRUAR 2021

TRAUM

"Mein Sohn (10 Jahre) und ich holen uns in einem Straßenrestaurant eine Jause. Während ich an der Theke zahle, geht mein Sohn schon mal voraus. Als ich kurz danach auf die Straße trete, ist mein Sohn weg! Ich suche ihn überall, laufe durch die Gegend und frage jeden. Wie ein Wahnsinniger suche ich alles ab, aber von meinem Sohn fehlt jede Spur!" (Schweißgebadet wache ich auf.)

So kann ich den Traum nicht stehen lassen, denke ich mir – ich muss meinen Sohn auch auf der Traumebene wiederfinden! Ich entschließe mich zu einer schamanischen Reise. Ich bitte Phönix, mich auf seinen Schwingen mitzunehmen und mich dorthin zu führen, wo mein Sohn ist. Es dauert eine Weile, ich nicke kurz ein und plötzlich taucht mein Sohn mit fröhlichem Lächeln vor mir auf: „Papa, ich bin eh da!" (ENDE DER REISE)

Ich habe überlegt, ob ich diesen Traum zum Thema eines Gespräches machen soll, zumal ich nicht gerne öffentlich über meine Familie kommuniziere. Meine Familie ist für mich ein „geschützter" Bereich und das soll auch so bleiben. In diesem Fall aber kam mir der Gedanken, dass es womöglich vielen Menschen ähnlich geht. Sie haben wahre Albträume und können diese nicht zuordnen.

Manche Träume, so wie auch dieser von mir, wiederholen sich und kommen immer wieder.

Während ich darüber sinniere, spüre ich ganz deutlich die unglaublich liebevolle Präsenz von SAI BABA. Seit langer Zeit habe ich keine Botschaft mehr von SAI BABA empfangen und es freut mich sehr, dass es heute wieder so weit ist.

Mir stellen sich folgende Fragen, die ich gleich vorbringen möchte:

1. Warum diese Träume, woher kommen sie, was sagen sie aus?
2. Wie diese Träume loswerden?

SAI BABA: Geliebte Menschen, lauscht den Worten aus dem Licht und nehmt die Liebe Gottes in euch auf!

Geliebter Jahn, ich bin bei dir, auch dann, wenn du es kaum vermutest! Ich bin anwesend auf dieser Erde und ich bin bei jedem Menschen, der die Wahrheit in Gott sucht.

Dein Traum, deine Reise, deine Fragen sind von großer Bedeutung für alle Menschen, die vor ähnlichen Situationen stehen.

INFORMATIONEN AUS DEN SPIRITUELLEN REICHEN

Viele Menschen erhalten „Informationen" aus den spirituellen Ebenen, Informationen, die Hinweise auf Ereignisse, die erlöst werden wollen, geben. In deinem Fall ist es die lange Geschichte deiner Ahnenreihe, die sich dir in den Träumen offenbart. Immer wieder gab es schicksalhafte Leben und immer wieder kamen Menschen zu Schaden.

Das Abenteuer Mensch hat es wirklich in sich. So wurde dir heute gezeigt, dass eine weitere Sequenz eines Lebens, in dem die Seele deines Sohnes und deine Seele inkarniert waren, erlöst werden soll und kann.

Ihr habt die Rollen oft gewechselt und ihr musstet einander oftmals vorzeitig entbehren. Heute werden alte Wunden geheilt! Und deshalb zeigen sich diese alten Verwundungen jetzt, damit sie dieser Heilung zugeführt werden können. In deinem Fall bestand die Heilung darin, dass du dich mit Phönix auf die Reise begeben hast, um deinen geliebten Sohn wiederzufinden.

JJK: Werde ich wieder solche Träume haben? Gefühlt hatte ich heute den hundertsten Traum, in dem ich meinen Sohn verlor. Das wirkt sich auch auf den Alltag aus.

Immer wenn wir unterwegs sind, bin ich übervorsichtig, fast ein bisschen ein „Helikopter-Papa". Das ist aber – vor allem für meinen Sohn – wenig hilfreich! Manchmal denkt er sich bestimmt seinen Teil...

SAI BABA: Diese Sequenzen werden sich auch weiterhin noch zeigen, es werden aber immer weniger. Die Albträume lassen nach, nehmen ab und hören auf.

Viele Menschen erleben derzeit ähnliche Phänomene. Während sie Transformationsarbeit leisten, tauchen immer wieder Bilder auf, die längst entlassen geglaubt waren oder gar nicht in Erwägung gezogen werden.

Zuerst die Information dann die Transformation.

JJK: Ich habe „zufällig" gerade gelesen:
„Auf dem spirituellen Pfad beschäftigt man sich zuerst mit der Information und dann mit der Transformation. Wenn wir keine Informationen sammeln, ist es unmöglich, zur Transformation durchzudringen."[10]

Das heißt, jeder Mensch, der wirklich bereit ist, erhält jetzt alle Informationen zu den einzelnen Themen, die einer Erlösung bedürfen. Wer solche Träume als Albträume abtut und sich weiter nicht darum kümmert, versäumt somit eine große Gelegenheit der Transformation.

SAI BABA: *Nichts geschieht ohne Grund! Träume sind die Pforte in das unbewusste und überbewusste Reich des Wissens.*

JJK: Wie soll ein Mensch vorgehen, dem Ähnliches passiert? Ich habe es leicht, da ich meine Methoden zur Erlösung habe und wenn nichts mehr weitergeht, dann weiß ich, wohin ich mich wenden kann. Aber nicht ein jeder Mensch ist auf diese Weise gesegnet oder mit diesen Werkzeugen ausgestattet?

SAI BABA: Ein jeder Mensch ist gesegnet und mit den Werkzeugen ausgestattet, die er für seine spirituelle Entwicklung benötigt.

Ein jeder Mensch, der sich ernsthaft mit dem Wohl seiner Seele befasst, wird von Gott mit Geschenken überhäuft, sodass jede Klärung möglich ist.

„TÄGLICH GRÜSST DAS MURMELTIER"

Jedes Rätsel deines Lebens kann gelöst werden! Viele Menschen ziehen es aber vor, sich nicht darum zu kümmern, da sie vor der Transformationsarbeit zurückschrecken. Mangelnde Hingabe und mangelnder Wille, in den Kern der Phänomene einzudringen, sind die Hauptursachen für Stagnation im Leben.

So treten sie auf der Stelle und sie wundern sich, dass sie immer wieder vor denselben Herausforderungen stehen.

JJK: Aber auch bei mir „grüßt täglich das Murmeltier". Dieser Traum hat sich ja beispielsweise schon sehr oft wiederholt. Insofern stehe auch ich auf der Leitung!

SAI BABA: Es ist zweierlei zu unterscheiden: Ist es die Dichte einer Situation oder ist es der Unwille eines Menschen hinzublicken? Vieles kann nicht auf einmal transformiert werden, es braucht Zeit und Wiederholungen. Die vielen Zwiebelschichten müssen nach und nach abgetragen werden. Wer sich diesem Vorgang stellt, hat zunächst zwar das Gefühl, alles wiederhole sich, doch er erfährt sehr schnell, dass es insgesamt leichter wird. Das „Problem" verblasst.

Wer sich selten mit sich selbst auseinandersetzt, kann diese Erfahrung niemals machen. Deshalb geben so viele Menschen, die ihre Transformation als Hobby betreiben, sehr bald auf. Es stellen sich zu wenig Erfolge ein.

Wenn du wirklich voranschreiten willst, musst du regelmäßige Transformationsarbeit leisten.

Dabei versorgen dich der Himmel und deine göttliche Seele mit den anstehenden Themen.

In Träumen, in Begegnungen, durch Fügungen und Hinweise wirst du immer auf deine offenen Themen gestoßen. Was du daraus machst, obliegt dir! Du hättest den heutigen Traum genauso gut übergehen können.

WAS FÜHRT ZUM ERFOLG?

JJK: Ja, das habe ich immer wieder erlebt! Wenn man beharrlich ist, stellt sich der Erfolg ein und es ist immer ein bleibender Erfolg. Wenn ein Thema dann mit der Wurzel durch ist, ist es für immer geheilt.

Diese „spirituelle Wurzelbehandlung" ist ja nicht immer nur angenehm und mancher möchte sich dieser erst gar nicht unterziehen. Aus eigener Erfahrung weiß ich aber, dass Durchhaltevermögen und Beharrlichkeit immer zum Erfolg führen. Es braucht manchmal Zeit und viele Wiederholungen, aber es lohnt sich dranzubleiben.

SAI BABA: Geliebter Mensch, wenn du vor einem Thema stehst, dass dich sehr beschäftigt und in Unruhe versetzt, dann gehe den Dingen wirklich auf den Grund.

Es steht dir alles zur Verfügung, was du für deine Heilungsprozesse brauchst – bist du mit dem Herzen dabei, dann wird dir unentwegt gegeben. Du musst nur wirklich wollen!

JJK: Danke! Ich genieße es sehr, heute wieder deine Energie zu spüren – nach langer Zeit – oder?

SAI BABA: **Zeit, die du gut genutzt hast, um das Licht der spirituellen Reiche auf die Erde zu bringen.**

Die Menschen bedürfen der spirituellen Lichtblicke so sehr und immer mehr wollen zu ihrem wahren Wesenskern durchdringen. Was vor Jahren als Phänomen bei einzelnen Menschen begonnen hat, beginnt sich jetzt auf immer mehr Menschen auszuweiten. Die spirituelle Suche nimmt Fahrt auf – und auf der Erde wie im Himmel arbeiten Heerscharen daran, den Menschen bei dieser Suche zu unterstützen.

Gehe den Weg von der Information zur Transformation unbeirrt, konsequent und mutig weiter!

Fühle dich immer getragen von den Mächten des Lichts und begleitet von den spirituellen Familien aus dem Sein!

Ein jeder Mensch, der wirklich bereit ist, das Gewand der Zeit abzustreifen, wird Antworten aus den zeitlosen Ebenen des Seins erhalten. Für jeden Menschen gibt es DEN Moment, an dem er sich besinnt und innehält.

Nur deine Wahrnehmung trennt dich von Gott, nur dein Bedürfnis, Irdisches zu erfahren, lässt dich zögern und hält dich von der Heimreise ab.

Sobald deine Liebe zu Gott alles überwiegt – beginnt sich alles zu verändern.

Ich liebe dich unendlich.

SAI BABA

„Auch wenn sich der Himmel eintrüben kann, das Licht dahinter bleibt bestehen – und dieses Licht bist DU!"

SANANDA

LIEBE DICH BEI WOLKENHIMMEL

SANANDA

„DAS IST GESUND"
VERBRECHEN DRÄNGEN AN DAS LICHT!
REALITÄT ERWECKT MITGEFÜHL
MENSCHEN IN DER „SCHWEBE"
DEIN BEITRAG
ZUKUNFT AUF DER NEUEN ERDE
LIEBE DICH SELBST!

17. FEBRUAR 2021

„DAS IST GESUND"

„Liebe Kundinnen und liebe Kunden, bitte halten sie 2 Meter Abstand und tragen sie eine FFP2-Maske! Das ist gesund und schützt."

Diese Durchsage im Supermarkt ging mir heute durch und durch! Da wird doch tatsächlich das Tragen einer Maske, in der man kaum atmen kann, als „gesund" verkauft. Sofort dachte ich an die zahlreichen Beobachtungen, Begegnungen und Gespräche der letzten Tage. Es ist unglaublich – die meisten glauben der Corona-Erzählung! Braver als Schafe halten sie sich an die irrwitzigen Maßnahmen. Manchmal bin auch ich entmutigt und denke mir: „Wie kommen wir nur aus dieser Falle raus? Werden die Menschen es wirklich schaffen oder geht alles den Bach runter?"

Schon werden Reisebeschränkungen für die, die nicht geimpft sind, diskutiert und auch Restaurant-, Hotel-, Kino- oder Konzertbesuche wollen die Eliten davon abhängig machen.

Ein Impfstoff, der kaum wirkt, der im Eilverfahren durchgewunken wurde und jetzt auf die Menschen losgelassen wird! Wer weiß, was in dieser Spritze noch so alles drin ist? Sogar die Kinder hat man schon im Visier! Jeden so lange zu „immunisieren", bis alle krank sind.

Wenn ich mein Umfeld beobachte, laufen die Menschen ins offene Messer und registrieren das nicht einmal. Ja manchmal ist es wirklich schwer, das zu ertragen. Ich bin überzeugt, dass es vielen Lesern manchmal ähnlich geht. Gibt es Trost und Rat von der geistigen Welt?

SANANDA: Geliebte Menschen, ich bin bei euch, geliebter Mensch, ich bin bei dir!

VERBRECHEN DRÄNGEN AN DAS LICHT!

Was wir derzeit auf der Erde erleben, ist: Es drängen alle Verbrechen an das Licht!

Dafür müssen sie sich zunächst zeigen, das heißt, für das menschliche Auge sichtbar werden! Und sichtbar sind sie derzeit erst für eine Minderheit der Menschen.

Deshalb verzweifelt mancher an manchen Tagen, da es immer düsterer und lichtloser wird. Die satanische Umkehrung von böse ist gut, von gesund ist krank erreicht immer neue Auswüchse.

Zusätzlich wird daran gearbeitet, dass die ganze dunkle Agenda dieser Matrix aufgedeckt wird. Hier geht es nicht nur um das Thema Corona, sondern um ursächliche Zusammenhänge.

Was sich hinter den Gesichtern jener, die diese Politik betreiben, verbirgt, das wird offenbart werden – und dieser Vorgang braucht seine Zeit.

Die Dinge werden vorbereitet und eingeleitet. Nach und nach gelangen immer mehr Verbrechen an das Licht und nach und nach werden immer mehr Menschen erwachen.

JJK: Warum habe ich manchmal das Gefühl, dass es einfach zu wenige sind, die aufwachen?

SANANDA: Manchmal, wenn du fest im alltäglichen Leben stehst, nimmst du die Energien von Menschen unmittelbar wahr. Dabei nimmst du auch deren unbewusste und bewusste Ängste und Sorgen auf. Das schwächt dich und du fühlst Entmutigung.

JJK: Ja, aber ich schütze mich doch sehr gut und ich weiß, dass ich geschützt bin!

REALITÄT ERWECKT MITGEFÜHL

SANANDA: Manchmal ist es gut, dass dich das Leben, so, wie es viele Menschen führen, erreicht. Das schärft deinen Blick für die Realität, erdet dich und erweckt tiefes Mitgefühl.

Menschen, deren Licht in finsteren Tagen hell leuchtet, stehen oft vor der Herausforderung, die Flamme bei jedem Wind zu hüten. Niedergeschlagenheit und Hoffnungslosigkeit lösen sich, sobald du wieder in deiner natürlichen höheren Schwingung bist. Das kann manchmal einige Zeit beanspruchen. Manchmal ist sehr wichtig, den Schmerz der Menschen zu sehen und auch deren Blindheit. Wie willst du Menschen helfen, wenn du deren Nöte nicht kennst?

JJK: Aber diese Menschen lassen sich gar nicht helfen. Die meisten fühlen sich als Gefangene frei. Gut, sie wollen ihr normales Leben zurück! Womöglich registrieren einige, dass hier etwas schiefläuft!

Dabei glauben sie irrtümlich: Wenn sie brav alles befolgen, wird die Regierung Erbarmen haben. Sogar in der Schule gibt es kaum Lehrer, die sich schützend vor die Kinder stellen und den Test- und Maskenwahnsinn thematisieren oder verweigern.

Eltern schweigen meist auch und in Firmen werden die irrwitzigen Corona-Maßnahmen sowieso eifrig umgesetzt. In Fahrschulen zum Beispiel muss man die FFP2-Maske derzeit auch dann tragen, wenn man alleine im Lehrsaal vor dem Computer sitzt und kein Mensch weit und breit ist. Niemand steht auf! Hier ist doch jede Hilfe zwecklos?!

SANANDA: Es gibt sie, die Menschen, die in ihren Ängsten gefangen bleiben wollen und die nichts hinterfragen – und das sind viele Menschen. Diese deine Wahrnehmung ist so weit richtig.

MENSCHEN IN DER „SCHWEBE"

Darüber hinaus gibt es eine Vielzahl von Menschen, die in der Schwebe sind. Sie befinden sich in völliger Abhängigkeit vom System und glauben ihr Überleben hänge davon ab. Nach außen hin tragen sie alles mit. Gleichzeitig beginnen sie, innerlich nachzudenken und Fragen zu stellen. Was im Inneren geschieht, ist bei denen, die heute noch brav mitmachen, oft etwas völlig anderes.

Was sich jetzt ereignet, ist, dass mit sehr vielen Menschen auf geistig-seelischer Ebene gearbeitet wird. Während des Schlafes befinden sich viele Menschen auf Schulungen in den geistigen Reichen. Dadurch werden sie für eine feinere Wahrnehmung sensibilisiert. Dinge können dann im Alltag besser durchschaut und erkannt werden.

Womöglich hast du das schon beobachtet, dass vereinzelt Menschen, die vor Monaten noch alles glaubten, was das System vorgab, plötzlich kritisch werden.

Dies sind die Auswirkungen, die allerdings nicht immer sofort zu sehen sind, das heißt, viele Menschen, die sich nach außen hin anpassen, entfernen sich innerlich immer mehr von diesem System.

Was in der Folge geschieht, ist, dass die einzelnen Aktionen zur Befreiung der Menschheit, das sind Demonstrationen und Freiheitsbewegungen generell, einen enormen Zulauf verzeichnen. Das Aufwachen bildet sich somit auch auf der Straße ab.

JJK: Was ist jetzt dein Teil dabei – oder der Teil jener, die sich als Lichtkrieger oder Lichtarbeiter sehen?

DEIN BEITRAG

SANANDA: In kleinen Dingen und dort, wo du stehst, zum Wachstum beizutragen.

Auch am Spielplatz, im Arbeitsumfeld oder im Freundes- oder Familienkreis ist manchmal ein zarter Hinweis darauf, dass die Dinge irgendwie doch nicht stimmen, sehr hilfreich.

Hier gilt es kleine Schritte genauso zu schätzen als eine größere Dynamik. Jeder Mensch hat sein Tempo und braucht seine spezifischen Aha-Erlebnisse.

Dein Beitrag ist, du selbst zu sein und dich mit deinem Wissen weder aufzudrängen noch es zurückzuhalten.

Viele Menschen sind dem Aufwachen näher als du ahnst. Berücksichtige immer die Tatsache, dass die Menschen auf der Traumebene sehr viel Schulungen erhalten, und berücksichtige auch die Tatsache, dass die meisten Menschen noch im Spiel bleiben wollen und bis zum Schluss nicht aufwachen werden.

JJK: Aber wie können die Kinder auf einer Welt, wo nur Geimpfte am Leben teilnehmen dürfen, überleben? Diese Dystopie kann doch nicht die Zukunft sein?

ZUKUNFT AUF EINER NEUEN ERDE

SANANDA: Jeder Mensch, wird nach dem „Split der Erden"[11] dort leben, wo er gewählt hat zu leben. Die unterschiedlichen Zeitlinien erschaffen eine unterschiedliche Wirklichkeit. Ab einem bestimmten Punkt trennen sich die Welten.

JJK: Das heißt, die „Neue Weltordnung" der alten Eliten wird auf einer bestimmten Erde Realität werden?

SANANDA: Auf einer Erde, auf der eine überwiegende Zahl der Menschen diese Erfahrung gewählt hat, ist das

Realität. Auf der euch bekannten Erde findet jetzt die Auseinandersetzung statt – wohin geht die Reise für die Erde und wohin geht die Reise für den einzelnen Menschen. Der Entscheidung des Einzelnen kommt dabei die größte Bedeutung zu.

Ihr Lichtkrieger seid deshalb so zahlreich auf *dieser Erde* vertreten, damit ihr so viele Menschen als möglich für den Aufstieg dieser Menschheit sensibilisiert. Ist diese Aufgabe erfüllt, verwandelt ihr euch und ihr kehrt zurück auf die Ebene, von der ihr hinabgestiegen seid.

Seid euch immer bewusst: Es kann Tage geben, die euch ermüden, schwächen und lähmen. Das ist natürlich, denn diese Umgebung fordert euch ganz. Verurteilt euch selbst nicht dafür, zweifelt weder an euren Aufträgen noch am Sinn des Lebens, sondern wartet ab, bis sich die Dinge wieder klären und ihr wieder ganz in eurer Kraft seid.

LIEBE DICH SELBST!

Meist sind das Momentaufnahmen, manchmal Tage, die nicht optimal verlaufen und die euch sehr viel abverlangen. Doch das Licht bricht immer durch – wie die Sonne, die immer scheint, auch wenn der Himmel von Wolken vernebelt ist.

Du kannst die Sonne womöglich nicht sehen, aber sie ist immer da!

Manchmal seid ihr in Anbetracht der Situation gedrückt. Es entstehen Mitgefühl und Liebe. Jetzt geht es in die Praxis, denn Mitgefühl und Liebe am Meditationsteppich zu erleben, ist etwas ganz anderes, als mitten im Leben zu praktizieren.

Lass dich ganz auf deine innere Führung ein. Vertraue deinen Eingaben, sie kommen von Gott und leiten dich sicher durch diese Zeit.

JJK: Also einfach nur durchtauchen – es wird schon wieder…

SANANDA: Bewusst hindurchgehen! So, wie es ist, ist es gut – und so, wie du bist, bist du richtig! Liebe dich selbst!

Auch wenn sich der Himmel eintrüben kann, das Licht dahinter bleibt bestehen – und dieses Licht bist DU!

Ich liebe dich unendlich.

SANANDA

„Die Umkehr der Menschheit wird nicht im Sprint, sondern als Marathon entschieden."

SANAT KUMARA

DIE „HARMONISIERER"

SANAT KUMARA

SEBASTIAN KURZ
UMFORMUNG VON ENERGIE
GIBT ES EINEN AUSWEG FÜR NWO-POLITIKER
DER FUNKE LICHT
DEIN BEITRAG ZUM WANDEL

18. FEBRUAR 2021

SEBASTIAN KURZ

JJK: Vor einer Woche hatte ich einen Traum, in dem ich mit Österreichs derzeitigem Bundeskanzler Sebastian Kurz an einem Tisch saß. Die ganze Zeit über textete mich Kurz zu. Er rechtfertigte sich die ganze Zeit über und war in einem Redeschwall, der nicht zu stoppen war. Der Traum endete mitten darin.

Heute träumte mir erneut von Kurz. Diesmal saß auch Wiens Bürgermeister Michael Ludwig am Tisch. Jedoch diesmal sprach ich die ganze Zeit zu den zwei Herren. Während Ludwig aufmerksam zuhörte und selbst kein Wort verlor, schien Kurz sehr viel Interesse an meinen guten Kontakten zu den Medien zu zeigen. Ich erklärte unter anderem, dass seine Corona-Maßnahmen sinnentleert seien und dass sie zu stoppen wären. Vor allem der „Dauer-Lockdown" ist völlig irrational. Kurz erklärte mir: „Das überlege ich noch!" Er schien mir nicht mehr so ganz abgehoben und unzugänglich wie im Traum zuvor. Danach verabschiedete ich mich plötzlich und ließ die beiden Herren auf der Straße stehen.
(ENDE DES TRAUMS)

Eigentlich hatte ich schon öfter Träume von Kurz und auch im realen Leben liefen wir uns schon über den Weg. Munter, noch im Bett liegend, sinnierte ich darüber nach.

Mir kam der Gedanke, eine schamanische Reise zu machen, womöglich kann mir Phönix diesbezüglich etwas zeigen, was ich wissen soll.

REISE: *Ich befinde mich über einer Schlucht. Unter mir sehe ich Kurz an Fäden hängend – wie Pinocchio. „Ich kann nicht anders, ich hänge an Fäden", sagt mir Kurz. Ich erwidere: „Dann durchtrenne sie!" Darauf Kurz: „Dann falle ich aber in mich zusammen." Ich: „Ja, doch jetzt wird dieser Zusammenbruch noch nicht so schmerzhaft sein wie später, wenn du es aufschiebst."*
(ENDE DER REISE)

UMFORMUNG VON ENERGIE

SANAT KUMARA: Geliebte Menschen, die Welt verändert ihr Gesicht und erhält das Antlitz von göttlicher Harmonie und Einheit allen Lebens zurück.

Die „Harmonisierer", Schöpferwesenheiten, die der Erde beistehen und die schädliche Energiestrukturen neutralisieren und umlenken, haben alle Hände voll zu tun.

Tagtäglich werden Energiestrukturen, die der Erde und den Menschen dauerhaft schaden könnten, neutralisiert und umgeformt.

Gedanken und Taten von dunklen Mächten, die jetzt die Abschiedsvorstellung auf der Erde geben, werden derart im Zaum gehalten und in der Umsetzung ihrer destruktiven Pläne gehindert. „Meister-Harmonisierer-Wesenheiten" stehen euch bei und sie wissen, wo sie wie eingreifen dürfen, sollen und können. Ihr seid, und das ist die wichtigste Botschaft für diese Zeit, *ihr seid niemals alleine und von inkarnierten wie von nicht inkarnierten Schöpferwesenheiten umgeben.*

In diese Realität wirken deine Träume hinein. Du bist dabei, die destruktiven Energien bei dem erwähnten Menschen zu harmonisieren. Dadurch können Verwundungen gesehen und der Tunnelblick kann aufgeben werden.

Wer sich im Sog von dunkler, dichter und niedrig schwingender Energie befindet und wer sich selbst nur über das Ego, das heißt, über Erfolg, Ansehen und Macht definiert, der hat eine erheblich eingeschränkte Wahrnehmung und ein Problem.

Dieser Mensch, der in der Rolle eines Politikers Erfahrung sammelt, ruft noch nicht nach Hilfe, er weiß nicht einmal, dass er Hilfe dringend nötig hat. Auf Seelenebene jedoch stellt sich diese Situation anders dar und so wird auf dieser Ebene eingewirkt und bewirkt, was möglich ist.

Hier erfüllt sich eine Verabredung zwischen dir und dieser Seele für dieses Leben.

JJK: Ich hatte zunächst etwas Bedenken, eine Reise dahin zu machen, da ich ja den freien Willen nicht missachten will und dafür ja das Einverständnis des Menschen brauche?

SANAT KUMARA: Es gibt den „Beobachterstatus". In bestimmten Fällen ist das nicht nur gestattet, sondern sogar erforderlich. Das wird alles auf Seelenebene entschieden und wäre es nicht erlaubt, so hättest du nichts gesehen und diese Begegnung hätte niemals stattgefunden.

Es sind einmalige Chancen, die dieser Mensch auf der Seelenebene erhält – es bleibt abzuwarten, ob er sie nutzen kann. Anderenfalls werden nach dieser Verkörperung Nachschulungen im Feinstofflichen sowie in entsprechenden Leben auf der Erde nötig sein.

JJK: Aber bis dahin hat er Österreich zerstört!

SANAT KUMARA: Was zerstört werden soll, das wird zerstört, was für die Zukunft des Landes und auch für die Zukunft der Menschheit insgesamt von Wert und Bedeutung ist, bleibt bestehen. Du überschätzt die Macht von Politikern und du unterschätzt die Kraft der Menschen.

Es ist eine Illusion zu glauben, irgendetwas geschähe ohne Gottes Wille.

GIBT ES EINEN AUSWEG FÜR NWO-POLITIKER?

JJK: Ich möchte generell fragen: Gibt es für die derzeitigen Politiker, die die Neue Weltordnung unterstützen und die Corona-Maßnahmen verantworten, einen Ausweg? Oder sind sie alle Pinocchios, die an den Schnüren baumeln und in den Seilen hängen?

SANAT KUMARA: Einen Ausweg gibt es immer und zu jeder Zeit! Nur es wird immer schwieriger. Je tiefer ein Mensch im schädlichen Tun feststeckt, desto mehr nimmt auch seine Seele Schaden. Je länger ein Mensch dem falschen Herrn dient, desto stärker nimmt dieser die Eigenschaften seines Herrn an.

In manchen Fällen ist jedoch genau dieser Umstand für das Erwachen hilfreich. Mancher Mensch braucht für seine Umkehr die wiederholte Hinwendung an das Böse. Menschen, die ein letztes Mal in den Sumpf des Lebens eintauchen, werden von der geistigen Familie betreut und geführt. Sie werden an ihren Aufträgen erkannt. Oft sind es spontane Erkenntnisse, die einen Menschen aufwachen lassen, aber immer ist es der innere Drang, das Leben, wie es war, aufzugeben.

Ein radikaler innerer Wandel ist dort möglich, wo ein Mensch mit dem Leid, das er bei anderen Menschen und für sich selbst verursacht hat, konfrontiert wird.

Für diese Wahrnehmung muss das Herz teilweise geöffnet sein. Deshalb wird eine Seele mit sehr viel Geduld, Mitgefühl und Weisheit von seiner geistigen Familie auf diesen Moment vorbereitet. Niemand ist für immer verloren und manchen Menschen gelingt am Höhepunkt ihres Wahns die Umkehr.

Harmonisierer-Seelen kennen die Ursachen von instabilen, verwundeten oder zerstörten Menschenseelen und sie richten ihre Energie auf die Teile, die einer Heilung am dringendsten bedürfen.

DER FUNKEN LICHT

JJK: Das heißt, auch Menschen wie Merkel oder Kurz besitzen irgendwo im tiefsten Inneren noch einen Funken Licht.

SANAT KUMARA: **Jeder Mensch verfügt über das innere Licht. Das ist der lebendige göttliche Funke, der jedes Leben, gleich auf welcher Ebene des Seins, möglich macht. Ohne das innere Licht kann nichts existieren.**

Dieses Göttliche in jedem Wesen kann verschüttet, verborgen und vergessen werden – eines Tages jedoch beginnt die Umkehr und der Mensch sehnt sich nach nichts anderem als nach dieser Wahrheit.

Bis die Sehnsucht des Menschen nach sich selbst erwacht, braucht es viele Leben und reiche Erfahrungen. Nur in seltenen Fällen – bei Menschen, die sich ganz in der dunklen Matrix verloren haben und auch auf seelischer Ebene keine Orientierung mehr finden – kehrt der Funke in die Einheit Gottes zurück und wird dort wiederhergestellt. Daraufhin erhält die Seele die Gelegenheit, die Reise auf der Erde von vorne zu beginnen. Für jede Situation gibt es eine Lösung, jedes Wesen kann neu beginnen.

Niemand in der unendlichen Schöpfung geht verloren!

JJK: Heute bin ich wieder guter Dinge und ich fühle, wie die Kraft zurückkehrt. Ich entnehme unserem Gespräch: Wir sollen geduldig und konsequent unseren Lebensweg verfolgen, alles andere übernehmen dann die Mächte des Himmels – die „Harmonisierer-Wesenheiten" der Schöpfung?

SANAT KUMARA: **Geht euren Weg beharrlich weiter! Das Licht siegt, da ihr bis zum Ende durchhaltet.**

Die Umkehr der Menschheit wird nicht im Sprint, sondern als Marathon entschieden.

DEIN BEITRAG ZUM WANDEL!

Lasst Rückschläge, Entmutigungen oder Zweifel unbeachtet. Macht weiter!

Die guten Tage feiert, die weniger guten Tage beachtet nicht! Lenkt eure Aufmerksamkeit auf erhebende Dinge! Das Dunkle und Bösartige kann und soll nicht geleugnet werden. Jedoch beschäftigt euch nicht zu lange damit, haltet euch mit Negativität nicht lange auf und bleibt mit eurer Aufmerksamkeit niemals zu lange in Themen, die euch den ganzen Tag verderben, stecken.

Richtet euch nach dem Licht aus und seid das Licht! Am Ende eines jeden Tages soll Liebe in euren Herzen sein und die Schwingung von Freude dominieren. Auf diese Weise werden eure positiven Visionen wahr!
Das ist dein Beitrag zum Wandel.

Der Beitrag der feinstofflichen Wesenheiten aus dem Licht – der Meister der Harmonisierung – ist es, euch in allem zu dienen. Es gilt das Pulverfass, auf dem diese Menschheit sitzt, in täglichen Aktionen zu entschärfen.

Himmel und Erde wirken Hand in Hand. Der Wandel ereignet sich, denn in der Finsternis leuchtet dein Licht.

Es ist der Anfang vom Ende.

In vollkommener Liebe

SANAT KUMARA

EPILOG – einen Tag später:

Die Nachrichten bringen, dass Kurz überlegt, die seit 4 Monaten durchgehend geschlossene Gastronomie und Hotellerie in Österreich doch früher als geplant zu öffnen. Natürlich nur mit einem Corona-Eintrittstest. Ist zwar ein Witz, aber immerhin kommt er – auch wenn dann alles beim Alten bleiben sollte – auf neue Gedanken.

Spannend für mich ist, dass diese Überlegung des Bundeskanzlers zeitlich mit meinem Traum auftritt.

SANAT KUMARA: Einem inneren Plan und Wahn folgend spult dieser Mensch sein falsches Leben ab.

Auf der Traumebene werden Impulse gegeben, die sich dann auf diese Weise auswirken können.

Eine grundlegende Umkehr ist für diesem Menschen erst nach weiteren Irrtümern, Fehltritten und schicksalhaften Fügungen möglich.

JJK: Ich danke DIR!

„Das Thema Corona ist das Brennglas für den Menschen – die Einen fangen Feuer, die Anderen finden Erleuchtung."

SANAT KUMARA

GOTT WIRD SEINE KINDER WACHRÜTTELN!

SANAT KUMARA

LICHTFLUTUNG DER ZENTRALEN SONNE
DIE CORONA-HYPNOSE
WICHTIG IST …

4. MÄRZ 2021

LICHTFLUTUNG DER ZENTRALEN SONNE

Geliebte Menschen,

derzeit gelangen immer höhere Energien aus der ZENTRALEN SONNE auf die Erde. Das wirbelt die Menschen durcheinander und kann für erhebliche Umstellungen im Leben der Menschen sorgen. Zuerst herrscht Chaos und sämtliche Bereiche des Lebens werden durcheinandergewirbelt. Das ordnet sich, sobald alles am richtigen Platz steht.

Konkret wird die Erde derzeit in einem einmaligen Ausmaß vom spirituellen Licht der kosmischen Sonne geflutet. Konkret verlieren dabei viele Menschen die innere Orientierung und den Halt in ihrem Leben. Für Menschen, die innerlich bereit sind, werden durch diese lichtvolle Schwingung tiefgreifende Heilungsprozesse ausgelöst. Menschen aber, die ihre alten Vorstellungen und Muster einfach nicht aufgeben wollen, gelangen an den Rand des Wahnsinns.

So erlebt ihr, dass mancher Politiker und Menschen, die an diese Politiker glauben, wie unter Hypnose stehen und – einem Wahn gleich – alles befolgen, was angeordnet wird.

Das Thema Corona ist das Brennglas für den Menschen – die Einen fangen Feuer, die Anderen finden Erleuchtung.

Wo stehst du wirklich, was macht dich innerlich wirklich aus? Jetzt wird das offensichtlich.

DIE CORONA-HYPNOSE

Wer keine spirituelle Option hat, wer sich selbst nicht als spirituelles Wesen oder als göttliches Bewusstsein, das auf der Erde eine Erfahrung macht, wahrnehmen kann, hat den Horizont einer Ameise. Diese Menschen halten diese Matrix und die Corona-Illusion für die Wirklichkeit und sie können nicht mehr selbstständig denken. Das Drama nimmt seinen Lauf und ein Ausstieg wird erst möglich, wenn jemand die Stopp-Taste drückt.

Ich sage euch: Gott selbst holt am Ende dieser Zeitspanne der Reinigung die Menschen zurück in die Wirklichkeit.

So, wie ein Hypnosetherapeut mit dem Schnippen der Finger seinen Klienten in die Realität zurückholt, wird Gott seine Kinder in einem einzigen Augenblick wachrütteln. Niemand wird sich dem entziehen können und ein jeder wird ein letztes Mal gerufen werden.

Bis dahin vergeht die Zeit und ein jeder Mensch geht durch seine Prüfungen. Im Kern geht es immer darum, die Ängste zu besiegen und selbstbewusst zu bleiben. Es ist kein Geheimnis: Diese Corona-Hypnose funktioniert nur, da die Ängste täglich auf allen Kanälen hochgehalten werden – und es ist auch kein Geheimnis, dass bestimmte Entitäten die Menschen vom Aufwachen abhalten möchte. Dies scheitert auf allen Linien und wir erleben es in diesen Tagen.

Umso restriktiver und unmenschlicher die Corona-Maßnahmen sind, desto heftiger wird das Pendel in die andere Richtung ausschlagen. Sobald eine bestimmte Anzahl von Menschen diese Behandlung nicht mehr akzeptiert, dreht sich das Spiel. Das ist eine Frage von kurzer Zeit.

Die Freiheit des Individuums steht auf dem Spiel – und immer mehr Menschen wird das bewusst. Auch die, die heute noch unter Hypnose dieser Matrix stehen, werden, sobald die Stopp-Taste gedrückt wurde, sehen, welchen Irrglauben sie aufsaßen.

Zum aktuellen Zeitpunkt ist es wichtig, dass die selbst denkenden Menschen klar Position beziehen.

Dort, wo du stehst, bist du richtig! Dort, wo du lebst, bist du wichtig!

WICHTIG IST ...

- Wichtig ist, dass du innerlich klar, orientiert und bei dir selbst bleibst.
- Wichtig ist, dass du meditierst, in die Natur gehst und dich zentrierst.
- Wichtig ist, dass du dich mit Freunden umgibst und dass du deine Liebsten umarmst.
- Wichtig ist, dass du, wo immer es geht, aus dem Corona-Spiel aussteigst.
- Wichtig ist, dass du mit Gott sprichst und dass du dein alltägliches Glück oder Unglück mit Gott teilst.
- Wichtig ist, dass du den Kindern ein Anker bist und ein Leuchtturm.
- Wichtig ist, dass du in der Corona-Zeitaufnahme das große Ganze sehen kannst und dass du dich vom Druck nicht unterdrücken lässt.
- Wichtig ist, dass du dein eigenes Leben hinterfragst und dass du dabei gelassen und in Liebe auf dein bisheriges Leben blickst.
- Wichtig ist, dass du dich fragst: „Was kann ich jetzt aufgeben?"
- Wichtig ist, dass du dich fragst: „Was will ich wirklich?"
- Wichtig ist, dass du die positiven Effekte dieser Krise erkennst und für dich nutzt.
- Wichtig ist, dass du jetzt wächst, dass du deinen Platz einnimmst und deine innere Stärke ausstrahlst.

- Wichtig ist, dass du innerlich im Frieden, in der Freude und in einem glücklichen seelischen Zustand bleibst.
- Wichtig ist, dass du bereit bist, dein Leben neu zu denken und dich vollkommen auf die göttliche Führung einzulassen.
- Wichtig ist, dass du dich selbst liebst, dich selbst annimmst, so wie du jetzt bist.
- Wichtig ist, dass du dich selbst nicht überforderst, dass du die weniger guten Tage genauso liebst wie die guten Tage.
- Wichtig ist, dass du dich selbst nicht stresst, denn die Welt wird nicht von dir allein verändert.
- Wichtig ist, dass du die Fragen, die dir niemand beantworten kann, vor deiner Seele ausbreitest.
- Wichtig ist, dass du warten und erwarten kannst.
- Wichtig ist, dass du deine Träume nicht als Träume abtust.
- Wichtig ist, dass du darauf vertraust, dass am Ende alles gut wird.
- Und wichtig ist, dass du verstehst, dass Gott einen Plan mit dir hat und dass dir dieser Plan während des Lebens enthüllt wird.

Geliebter Mensch,

du bist ein einmaliger Ausdruck Gottes und Gott selbst behütet dich an allen Tagen.

Hast du die Verbindung zu Gott verloren oder ist diese Verbindung manchmal unterbrochen, dann stelle sie wieder her! Wie? Indem du dich Gott vollkommen hingibst.

ICH BIN IN DEINEN HÄNDEN!
BITTE SORGE FÜR MICH!
OM NAMAH SHIVAY.
SUREIJA OM ISTHAR OM.

Ich bin
SANAT KUMARA

OM NAMAH SHIVAY: Ehrerbietung an das Höchste, an das Göttliche. BABAJI sagt: *„Gottes Name ist kraftvoller als tausend Atom- und Wasserstoffbomben. Hilf dir durch die Wiederholung des Namen Gottes!"*[12]

SUREIJA OM ISTHAR OM:
Das Mantra aller Mantren[13]

„Dein wahres Zuhause
liegt jenseits des Vorstellbaren
und die Heimat deiner Seele
liegt in Gott!"

SANAT KUMARA

WAS HEISST „AUFWACHEN" WIRKLICH?

SANAT KUMARA

SIND DIE FREIHEITSBEWEGUNGEN EIN ZEICHEN?
REVOLUTIONÄRE DER LIEBE
DER LETZTE TAG
UNSER WAHRES ZUHAUSE

7. MÄRZ 2021

SIND DIE FREIHEITSBEWEGUNGEN EIN ZEICHEN

JJK: „Gott wird seine Kinder wachrütteln!", hieß es in der vorigen Botschaft. Ich frage mich dabei immer wieder, was das genau heißt? Sind die Freiheitsbewegungen, die sich jetzt weltweit bilden und sich gegen die Corona-Maßnahmen wenden, ein Zeichen davon? Oder ist mit „Aufwachen" etwas anderes gemeint?

SANAT KUMARA: Ich bin bei dir, geliebter Jahn, ich bin bei dir geliebter Mensch! Bringen wir Licht in die Angelegenheiten, die die Erde jetzt betreffen und die die Herzen der Menschen jetzt beschäftigen.

Aufzuwachen heißt, sein spirituelles Bewusstsein zurückzuerlangen!

Davon ist die Rede, wenn die Lichtebenen des Seins vom Aufwachen sprechen. Jedoch, es gibt viele Stufen, die davor zu erklimmen sind – und so sind die Freiheitsbewegungen Vorstufen zum Erwachen. Denn zuerst gilt es die Angelegenheiten auf der Erde zu regeln, das heißt, das Unrecht zu beseitigen und Freiheit zu erreichen.

Mancher Mensch, der sich heute für die Freiheit, für Gerechtigkeit und für die Liebe auf den Straßen der Welt einsetzt, ist bereits tief im Herzen vom Licht Gottes berührt worden. Mancher hat sich selbst als spirituelles Wesen erkannt und folgt seinen spirituellen Aufträgen. Mancher ist in der Tat erwacht, erweckt und sich „selbst-bewusst" geworden.

Ihr wisst niemals, mit wem ihr es zu tun habt, solange ihr euch nicht näher auf einen Menschen einlasst. Es wird also am Ende große Überraschungen geben, wer in den Himmel auffährt.

JJK: Das heißt, das was jetzt geschieht, ist Teil des Aufwachprozesses?

SANAT KUMARA: Es ist eine entscheidende Stufe im Aufwachprozess. Denn wer sich ungeachtet der Nachteile für die Freiheit und Selbstbestimmung einsetzt, macht einen wichtigen Schritt in Richtung Selbstermächtigung und Bewusstwerdung.

Viele, die mit „Botschaften" oder „Durchsagen aus der geistigen Welt" wenig anfangen können, tragen im Herzen die Saat der Göttlichkeit. Diese Saat geht während eines solchen Lebens immer auf – immer.

JJK: SAI BABA sagte: *„Ein Hungriger muss zuerst gespeist werden. Wenn wir über den immanenten Geist (ātman) predigen, interessiert er sich überhaupt nicht dafür. Zuerst gebt den Hungrigen zu essen.*

*Ein Kranker braucht zuallererst Gesundheit und Hilfe.
Gebt den Elenden und Verzweifelten Trost und Hoffnung.
Die Gebildeten sollten ihre Bildung dadurch heiligen,
dass sie die Ungebildeten und Analphabeten
unterrichten."*[14]

SANAT KUMARA: Ein Mensch kann auf vielerlei Weise zum Aufwachen geführt werden. Grundlegend bei allem ist, dass zuerst die menschlichen Grundbedürfnisse gestillt werden müssen. Nur auf diese Weise kann sich innerer Frieden im Herzen ausbreiten und es können eigentliche Fragen aufgeworfen werden.

Heute geht es weltweit nicht allein um Hunger, Gesundheit und Bildung, sondern um die Freiheit des Denkens und die Freiheit des Menschen an und für sich. So besteht der erste Schritt darin, den Menschen die Freiheit zurückzugeben. Freiheitsbewegungen gewinnen an Zulauf – das wird erst enden, wenn die Menschen die Freiheit zurückerobert haben.

JJK: Das heißt, bis zu einem gewissen Punkt müssen wir selbst unsere Geschicke in die Hand nehmen.

SANAT KUMARA: Darum geht es! Ihr selbst habt es in der Hand und es ist gut, dass ihr die Dinge selbst in die Hand nehmt!

JJK: Ich frage mich oft, ob wir uns vom Lichtwelt Verlag auch mehr in die öffentliche Debatte einbringen sollen. Sollen wir auf die Straße gehen und uns den Freiheitsbewegungen anschließen?

SANAT KUMARA: Ihr steht bereits in der Auslage! Alles, was deine und eure gemeinsamen Aufträge betrifft, zeigt sich euch auf klare Weise. Auch neue Aufträge werden euch ganz klar übermittelt. Solange das unklar ist, wartet ab. Was ihr bewirkt, ist enorm. Ihr kämpft gewissermaßen an einer anderen Front, jedoch seid ihr mit dem, was ihr jetzt tut, vollkommen in der Spur eurer Aufträge.

JJK: Ja, das zeigt sich immer ganz klar – manchmal will ich womöglich mehr. Das rührt wohl noch aus meinen unterschiedlichen Leben als „Revolutionär"?

REVOLUTIONÄRE DER LIEBE

SANAT KUMARA: Heute seid ihr „Revolutionäre der Liebe". Verbreitet die Botschaften des Himmels und reicht die Geschenke des Himmels weiter. Das ist heute eure Aufgabe. Das Lichtwelt-Projekt nimmt einen zentralen Platz bei diesem Wandel auf der Erde ein – es wird größer und größer.

JJK: Manchmal habe ich Sorgen um meine Familie. Ich habe Ängste wegen Repressionen der Regierung, denn bestimmt haben sie auch uns schon im Fokus.

SANAT KUMARA: Diese Sorgen sind natürlich. Wie gehst du damit um?

JJK: Indem ich meditiere, mich zentriere und diese Überlegungen ganz Gott übergebe.

SANAT KUMARA: Das ist der Weg – für alle Menschen. Übergebt alles, was ihr selbst nicht direkt beeinflussen könnt, Gott. Das ist der Weg!

DER LETZTE TAG

JJK: Was genau geschieht an dem Tag, an dem die Zeit stillsteht und die Menschen ein letztes Mal die Gelegenheit habe, sich zu entscheiden?

SANAT KUMARA: Ein jeder Mensch wird sich selbst als göttliches und unsterbliches Bewusstsein wahrnehmen können. Zugleich wird ein jeder Mensch sehen, was ihn davon trennt, das heißt, die eigenen unerlösten Themen wie Hass, Neid, Zorn, Eifersucht, Gier sowie die Ängste werden sich jedem Menschen offenbaren.

Jetzt ist es entscheidend, wie der Mensch darauf reagiert, an diesem Tag verlangt Gott eine Antwort vom Menschen – von jedem Menschen auf dieser Erde.

JJK: Jeder wird also eine letzte Chance erhalten?

SANAT KUMARA: So ist es – die Gnade Gottes ist unermesslich. An diesem Tag wird ein jeder Mensch für eine kurze Zeit wissen, woher er kommt und was er ist. Danach senkt sich der Schleier des Vergessens wieder und der Mensch wird seine Entscheidung treffen. Mancher wird dem Wunder, das er gerade sah, nicht glauben können und es als Hirngespinst abtun. Viele aber werden die Gelegenheit ergreifen und sehen, worauf sie so lange gewartet haben.

JJK: Ich merke dieses Gespräch klingt aus. Je älter ich werde, desto mehr fühle ich, dass wir auf der Erde wirklich nur Gäste sind. Ich fühle, dass wir hier eine Erfahrung machen, aber eigentlich woanders Zuhause sind. Der Himmel ist mir manchmal viel näher als die Erde. So sehr ich alles – was mich hier umgibt, die Familie, die Freunde, die Arbeit – liebe, am Ende weiß ich, dass meine wahre Familie auf der anderen Welt – hinter dem Schleier – ist.

SANAT KUMARA: Und mit deiner wahren Familie bist du teilweise auch hier auf der Erde verbunden.

Familiäre Bande und die engsten Freundschaften sind Verabredungen, die ihr vor diesem Leben getroffen habt. Im Diesseits wie im Jenseits seid ihr eine große Familie. So ist es!

UNSER WAHRES ZUHAUSE

JJK: **Der Hypnotherapeut Dr. Michael Newton (1931 – 2016), beschreibt in seinem wunderbaren Buch „Die Abenteuer der Seelen"[15] in vielen Fallstudien das Leben zwischen den Leben. Darin berichten Menschen im Rahmen ihrer persönlichen spirituellen Rückführungs-Hypnotherapien, über ihr Leben vor dem Leben. Dabei treffen sie ihre Seelengruppe und die spirituellen Führer und gewinnen tiefe Einsichten in den Sinn des Lebens. Am Schluss des Buches bringt Newton ein Zitat eines Klienten, der im Begriff war, sich aus der geistigen Welt zu verabschieden und sich auf eine neue Inkarnation auf Erden vorzubereiten. Diese Ausführungen gebe ich am Ende unseres Gespräches gerne wieder:**

„Auf die Erde zu kommen, bedeutet, die Heimat zu verlassen und eine Reise zu unternehmen in ein fremdes Land. Manches dort wirkt vertraut, doch das meiste bleibt fremd, bis wir uns daran gewöhnt haben, besonders, wenn es sich um Dinge der Unversöhnlichkeit handelt.

Unser wahres Zuhause ist ein Ort absoluten Friedens, totalen Angenommenseins und bedingungsloser Liebe. Als Seelen, die von ihrer Heimat getrennt sind, können wir nicht mehr davon ausgehen, dass diese schönen Dinge uns auch hier so ohne Weiteres zur Verfügung stehen.

Auf der Erde müssen wir uns auf der Suche nach Freude und Liebe mit Intoleranz, Ärger und Traurigkeit auseinandersetzen. Wir dürfen auf unserem Weg unsere Integrität nicht verlieren, menschliche Güte nicht dem bloßen Überleben opfern oder uns einbilden, wir seien besser oder schlechter als unsere Mitmenschen. Wir wissen, dass das Leben in einer unvollkommenen Welt uns helfen wird, die wahre Bedeutung der Vollkommenheit zu würdigen. Wir bitten um Mut und Bescheidenheit vor unserer Reise in ein anderes Leben. Je stärker wir im Bewusstsein wachsen, desto besser wird unser Leben werden. Das ist unsere Prüfung. Diese Prüfung zu bestehen, ist unser Schicksal."[15]

SANAT KUMARA: **Genießt die irdische Reise und erfreut euch an dieser Erfahrung. Die Zeit, in der ihr heute lebt, ist jedoch einmalig, weil ihr dem Schicksal dieser Erde eine lichtvolle Wende gebt. Es geschieht in diesen Tagen und es geschieht, weil viele Seelenfamilien dieses Abenteuer in dieser Zeit heute, hier und jetzt gewählt haben.**

Geliebter Mensch,

sei dir immer bewusst: Dein wahres Zuhause liegt jenseits des Vorstellbaren und die Heimat deiner Seele liegt in Gott!

Ich liebe dich unendlich
SANAT KUMARA

„Am Ende werden die Welten getrennt, dort, wo die Einen hingehen, können die Anderen nicht sein!"

MEISTER ST. GERMAIN

WOHIN IHR GEHT, KÖNNEN DIE ANDEREN NICHT SEIN!

MEISTER ST. GERMAIN

IM GROSSEN WIE IM KLEINEN
WAS HINTERLASSEN WIR UNSEREN KINDERN?
WIE MIT ÄNGSTEN UMGEHEN?
NEUES RAUM-ZEIT-KONTINUUM

10. MÄRZ 2021

IM GROSSEN WIE IM KLEINEN

JJK: In den vergangenen 3 Wochen hatte ich 3 Schadensfälle am Auto. Zuerst fielen mir, wie aus heiterem Himmel, innerhalb von 7 Tagen 2 Steine auf die Scheibe. Der erste Schaden konnte von der Werkstadt repariert werden, nach dem zweiten Einschlag musste eine neue Windschutzscheibe her – und gestern, als ich an einer Kreuzung auf grün wartete, fuhr mir von hinten ein Auto ins Heck. Zu meinem großen Erstaunen gab es jedoch nicht einmal einen Kratzer. Nichts!

MEISTER ST. GERMAIN: **Du bist behütet[7] auf allen deinen Wegen, Jahn. Ich bin bei dir, geliebter Mensch, der du diesen Worten aus dem Licht jetzt lauschst.**

Die von dir geschilderten Begebenheiten spiegeln das Weltgeschehen – im Großen wie im Kleinen. Es herrscht großer Druck auf der Erde, da sich unglaubliche Energien entladen. Zugleich fließen mächtige und lichtvolle Energien der Erde zu und sie wirken auf die Menschen ein.

Was du erlebt hast, sagt sehr viel darüber aus, wie die Lichtkrieger der ersten Stunde diesen Wandel erleben. Immer wieder kommt es zu Situationen, die unangenehm oder sogar bedrohlich sein können, jedoch am Ende verlaufen diese Situationen glimpflich.

JJK: Vor allem, dass nicht einmal eine geringfügige Beule nach dem Auffahrunfall zu sehen war, ist ja sehr erstaunlich – und auch, dass der Lenker des anderen Autos eine besonders angenehme Schwingung hatte, war auffallend.

MEISTER ST. GERMAIN: Erstaunlich, wie vieles, was jetzt geschieht, erstaunlich ist. Lasst euch von solchen Situationen nicht aus dem Tritt bringen und versteht, dass es viele lichtvolle Kräfte gibt, die euch beistehen, um Schaden von euch abzuwenden.

JJK: Ich nehme generell wahr, wie angespannt die Menschen jetzt sind, so, als würden sie – ohne zu wissen worauf – auf etwas warten.

MEISTER ST. GERMAIN: Auf Seelenebene wissen alle jetzt inkarnierten Menschen, dass sich jetzt alles umstellt. Sie wissen, dass sie jetzt geboren wurden, um an diesem Wandel teilzunehmen oder an diesem so weit, wie die Seele es vorgesehen hat, mitzuwirken.

Im Alltagsbewusstsein nehmen immer mehr Menschen wahr, dass irgendetwas auf dieser Welt nicht stimmt. Das Gesellschaftsgefüge bricht auseinander und ordnet sich neu – und das ist das eigentliche Geheimnis und Wunder dieser Tage:

Am Ende werden die Menschen siegen und es wird sich die Menschlichkeit durchsetzen.

Auch wenn es heute noch scheint, als würde die dunkle Rasse erneut die Richtung vorgeben, so wird es am Ende umgekehrt sein. Die Menschheit erwacht – so ist es!

WAS HINTERLASSEN WIR UNSEREN KINDERN?

JJK: Oft, wenn ich meinem Sohn beim Spielen mit seinen Freunden zusehe, denke ich an die Kinder, die in dieser Zeit oft besonders leiden! Welche Erde werden sie erben?

MEISTER ST. GERMAIN: Auch eure Kinder sind Seelen, die aus der Ewigkeit zur Erde gereist sind. Auch eure Kinder wissen genau, worauf sie sich eingelassen haben, und auch eure Kinder sind Teil des Wandels, mehr noch, sie sind die Impulsgeber für entscheidende Umbrüche.

JJK: Aber was, wenn man die Kinderseelen durch die derzeitige Angstpropaganda früh zerstört. Instabile familiäre Verhältnisse und eine aus den Fugen geratene Welt sind nicht gerade die besten Bedingungen für ein gedeihliches Wachstum. So viel INDIGO kann ein Mensch gar nicht sein, dass an ihm diese Zeit spurlos vorüberziehen könnte?

MEISTER ST. GERMAIN: **Jede Seele weiß vor der Geburt als Mensch, worauf sie sich einlässt – und eine jede Seele wird mit spezifischen Aufträgen geboren. Auch eure Kinder wissen genau, was sie hier auf der Erde jetzt wollen und zu tun haben.**

Setzt diese Tatsache immer voraus, ehe ihr in unnötige Sorgen abgleitet. An alle Eltern: Wenn ihr euch um eure Kinder sorgt und für bestimmte Situationen keine Lösungen habt – dann bittet Gott und bittet die Mächte des Lichts um Intervention. Übergebt am Ende all eure Überlegungen Gott und wisset bitte immer: Auch eure Kinder gehören sich selbst und Gott.

Lasst eure Kinder rechtzeitig los, damit sie sich nicht losreißen müssen.

JJK: Danke dir, das fühlt sich sehr schön an! Was ich auch wahrnehme, ist eine unglaubliche Spaltung der Gesellschaft. Die Einen fürchten sich vor Corona, die Anderen vor den Maßnahmen und den damit einhergehenden existenziellen Bedrohungen. Und dann gibt es jene, die sich vor dem totalitären Staat, vor der Überwachung und der Impfpflicht fürchten. Zu Letzteren zähle ich mich, vor allem dann, wenn viele Dinge gleichzeitig auf mich einprasseln und ich die negativen Energien, die ich irgendwo aufgeschnappt habe, nicht sofort neutralisieren kann. Was hat das alles für Folgen?

WIE MIT ÄNGSTEN UMGEHEN?

MEISTER ST. GERMAIN: Alle Ängste gilt es zunächst anzuerkennen. Keine Angst ist weniger bedeutend oder weniger wert. Die Frage ist, wie du damit umgehst. Einer wachen und reifen Seele gelingt es immer, einen Ausweg zu finden und die Ängste abzustreifen.

Es ist gleichgültig, wovor du dich fürchtest. Wie du mit der Furcht umgehst und ob du sie neutralisieren kannst, das ist entscheidend.

Wie gehst du damit um, Jahn?

JJK: Ich mache immer, wenn ich schlecht drauf bin, eine Meditation mit dem Kristallwürfel des Aufstiegs[6]. Das ist mein Schlüssel, mein „Wundermittel"! Es bringt mich sofort wieder in die Mitte, ins Grundvertrauen und in die Stille. Was aber können Menschen machen, die noch nicht so angebunden sind und die von diesem Dialog niemals etwas erfahren werden?

MEISTER ST. GERMAIN: Sich anbinden! Ohne innere Anbindung an das göttliche Selbst ist das Leben eine Irrfahrt. Wie gelangt ein Mensch zu diesem Punkt? Durch schwierige Situationen, die sich mit herkömmlichen Methoden nicht mehr lösen lassen.

Gott wird immer am Ende angerufen, dann, wenn sich alle anderen Wege als Irrtum oder wenig hilfreich erwiesen haben. Ein Mensch benötigt meist viele Leben, ehe er sich aus purer Freude und nicht nur in der Not an Gott wendet!

Wer die Abwesenheit von Gott erleben möchte, der ist für göttliche Hilfe unzugänglich. Du nimmst das täglich wahr. Von den vielen Menschen, denen du in der Stadt täglich begegnest, sind nur die Wenigsten für eine spirituelle Sicht der Dinge offen. Diese begrenzte Wahrnehmung ist jüngeren Seelen zu eigen. Sie können gar nicht anders, schließlich wollen sie auf dieser Welt noch etwas erleben und ihre Erfahrungen machen. Diese Seelen sind wie Fahnen im Wind und noch keine Felsen in der Brandung.

JJK: Es gibt also viele Menschen, die bei diesem Wandel zwar dabei sind, aber nur zuschauen, anstatt mitzumachen oder sich aktiv einzubringen…

MEISTER ST. GERMAIN: Die überwiegende Anzahl der Menschen hat eine Statistenrolle auszufüllen, die Hauptrollen fallen den reifen Seelen zu.

JJK: Aber wie kann uns der lichtvolle Wandel dann gelingen? Warum ist immer die Rede davon, dass die Menschen aufwachen, wenn es sich dabei um jüngere Seelen handelt, die gar nicht aufwachen wollen?

MEISTER ST. GERMAIN: Damit der Menschheit der Sprung in das Licht gelingen kann, braucht es eine bestimmte Anzahl von bewussten Seelen. Diese Anzahl werden wir erreichen. Allein das ist entscheidend!

Am Ende werden die Welten getrennt, dort, wo die Einen hingehen, können die Anderen nicht sein!

JJK: Das heißt, die Neue Erde befindet sich auf einer andere Zeitlinie. Davon ist ja auch oft die Rede.

NEUES RAUM-ZEIT-KONTINUUM

MEISTER ST. GERMAIN: Die Neue Erde befindet sich in einem neuen Raum-Zeit-Kontinuum, in dem Zeit und Raum anders erlebt werden. Auf der Neuen Erde gibt es das Korsett der Zeit nicht mehr und auch die Wahrnehmung des Raumes wird sich grundlegend verändern. Die vollständige Wiederherstellung des Menschen als göttlicher Ausdruck führt zu einem Leben, wie ihr es euch heute kaum vorstellen könnt. Darauf zielen alle Vorbereitungen ab. Nachdem die Arbeit in dieser Matrix getan ist, beginnt ein neues Leben.

JJK: Das heißt, die dunkle Neue Weltordnung wird auf einer Erde errichtet werden, während sie auf einer anderen Erde ausbleibt.

Das erinnert mich an die Serie „The Man in the High Castle". In diesem Krimi hat auf einer Erde Hitler den 2. Weltkrieg gewonnen und auf einer anderen Erde den Krieg verloren – und manche Menschen, die „Wanderer", haben in diesem Drama die Gabe, sich zwischen beiden Wirklichkeiten hin- und herzubewegen.

MEISTER ST. GERMAIN: Genauso, ist es eine Tatsache, dass JESUS auf der einen Erde gekreuzigt und auf der anderen Erde nicht gekreuzigt wurde. Die dir übertragene Jesus Biografie zeugt davon.[3,4]

Alle Gedanken und Ideen, die wiederholt auftreten, müssen sich manifestieren. Jeder Gedanke ist der erste Manifestationsimpuls. Der Mensch ist sich dessen kaum bewusst, dass er durch Gedanken und Entscheidungen regelmäßig neue Zeitlinien erschafft. Jede Entscheidung eines Menschen führt zu einer neuen Zeitlinie. Dabei existierst du auf allen Zeitlinien zugleich. In diesem Sinne ist von Bedeutung, von welcher Erde in einem bestimmten Zusammenhang gesprochen wird. Deshalb gibt es auch so viele Fragen zur Kreuzigung von JESUS. Alles ist eine Frage der Perspektive und so ist es wichtig zu verstehen, dass auf dieser Erde, auf der Hitler den Krieg nicht gewonnen hat und JESUS nicht gekreuzigt wurde, der Aufstieg geschieht. Es ist diese und keine andere Erde, die transformiert und angehoben wird. Was zurückbleibt, ist eine niedrig schwingende Erde.

Durch den Schwingungszuwachs schält ihr euch, wie eine Raupe aus ihrem Kokon, aus dieser Matrix heraus.

JJK: Verwirrend. Aber ich kann es innerlich verstehen und für alle, die sich da gerne vertiefen möchten, gibt es ausreichend Literatur. Jedenfalls muss ich dem Kopf dabei immer eine Pause gönnen. Dieser Vorrang des „Herausschälens" ist jetzt?

MEISTER ST. GERMAIN: Dieser Vorgang ist schon Jahrzehnte im Gange. Nach und nach, fast unmerklich, vollendet sich der Mensch auf dieser Welt und erschafft gleichzeitig eine Neue Erde. Es ist ein Mysterium, das sich dir in der Meditation, in der Stille und durch die Begegnung mit Gott offenbart. Du weißt, dass du tief in dir reines göttliches Bewusstsein bist. Diese spirituelle Dimension wird heute von den Menschen, die aufwachen, begreifbar. Die Rede ist von dir!

JJK: Das Aufwachen ist also in vollem Gange?!

MEISTER ST. GERMAIN: So ist es! In diesem Geiste segne ich dich. Sei dir meiner Gegenwart in deinem Leben immer gewiss! Lebe dein Leben! Alles andere überlasse Gott.

In unendlicher Liebe
MEISTER ST. GERMAIN

„Bevor ein Mensch durch die göttliche Liebe veredelt werden kann, wird seine Seele im Feuer des Lebens geschmiedet. Das ist der Pfad der Seele: von der Unbewusstheit zum Bewusstsein, vom Vergessen zur Erinnerung."

SANAT KUMARA

GEIST BIST DU UND PURE LIEBE

SANAT KUMARA

AUFWACHEN WIRD ZUR NOTWENDIGKEIT!
WAS IST POSITIV IM NEGATIVEN?
DIE CORONA-ERZÄHLUNG
SPIRITUELLE PERSPEKTIVE
DAS GRÖSSTE ABENTEUER
DAS REICH GOTTES AUF ERDEN

17. MÄRZ 2021

AUFWACHEN WIRD ZUR NOTWENDIGKEIT!

Der Wandel in eine lichtvolle Zukunft dieser Menschheit setzt sich fort!

Derzeit wird der einzelne Mensch auf Herz und Nieren geprüft und ein jeder erhält die Gelegenheit für einmalige Wachstumsschritte. Was sich heute auf der Bühne dieser Erde abspielt, ist einmalig und es ist das Spiel, das die Menschen selbst ausgelöst und für sich gewählt haben.

Der große Umbruch ist im Gange und dieser verlangt euch alles ab! Zugleich ermöglichen euch diese Tage einmalige Erkenntnisse.

Aufwachen wird zur Notwendigkeit, denn wer verstehen will, warum sich dies jetzt ereignet, muss sich erinnern können – sich zurückerinnern an sich selbst. Wer verstehen will, warum das alles geschieht, braucht eine größere Perspektive.

WAS IST POSITIV IM NEGATIVEN?

Heute nehmt ihr wahr, wie sich ein immenser psychischer und mentaler Druck aufbaut. Die weltweiten Corona-Maßnahmen haben die Menschen weltweit an den Rand der Belastbarkeit gebracht. Dabei bauen sich Aggression und Wut auf und diese müssen sich irgendwo entladen. Dafür gibt es unterschiedliche Wege: Widerstand im außen oder aber das Sammeln der inneren Kräfte, um ein spirituelles Verständnis für dieses Zeitgeschehen zu erlangen.

Diese Zeit fungiert somit als Brücke zu neuer Bewusstheit. Ein jeder Mensch steht also vor der Frage: Was sagt mir diese Situation und was lerne ich daraus? Gibt es Positives im scheinbar Negativen?

Jetzt fällt alles Unwesentliche, das, was die Menschen lange davon abhielt, über sich selbst oder das Leben nachzudenken, ab. Existenzielle Frage rücken in den Vordergrund und spirituelle Sichtweisen werden aufgeworfen. Es herrscht eine gewisse Dringlichkeit dafür, das Leben zu begreifen und das, was jetzt geschieht, zu verstehen. Aufschieben ist nicht mehr möglich, denn der Alltag drängt sich auf und verlangt nach Antworten.

Unter diesem Druck werden neue, bisher unerreichte Erkenntnisse geboren. Der Mensch hat die einmalige Gelegenheit, zu begreifen, wer er in Wirklichkeit ist.

Sobald die Erinnerung an das, was du wirklich bist, einsetzt, hat das Netz dieser Matrix keine Macht mehr über dich.

DIE CORONA-ERZÄHLUNG

dient den Menschen, sich ganz auf sich selbst zu fokussieren und die Fragen, die bisher gerne aufgeschoben wurden, endlich zu stellen:

Woher komme ich und wohin gehe ich? Wer bin ich? Was ist der Grund meines Lebens und wo ist der Ursprung meiner Existenz? Was lehrt mich diese Zeit und was spiegelt mir ein krankes Lebensumfeld wirklich? Bin ich per Zufall hier geboren oder liegen meinem Leben bewusste vorgeburtliche Entscheidungen zugrunde?

SPIRITUELLE PERSPEKTIVE

Was jetzt geschieht, ist: Die Menschen werden für eine spirituelle Wahrnehmung ihres Lebens geöffnet. Wer dem transzendenten Sein bisher nichts abgewinnen konnte, erhält jetzt einen Zugang.

Schon könnt ihr bestimmte Zeichen erkennen, Menschen, denen ihr es niemals zugetraut hättet, beginnen eine spirituelle Sicht einzunehmen. Immer mehr werfen fern ihrer Profession grundsätzliche Fragen auf und sie kommen dem Wesen aller Dinge dadurch näher. Die Existenz eines Schöpfers, die Existenz Gottes rückt in den Vordergrund und gewinnt an Bedeutung.

Der Grund dafür liegt auf der Hand:

Mit herkömmlichen Methoden ist das Zeitgeschehen nicht mehr zu deuten. Dieses Geschehen verlangt nach einer umfassenden Perspektive – und umfassend ist eine Perspektive dann, wenn sie spirituell ist.

Alles ist Geist, ehe es sichtbar wird, alles wird durch unseren Geist erschaffen, ehe es feststofflich und begreifbar wird, alles haben wir uns selbst zum Geschenk gemacht – und langsam beginnt der Mensch das zu begreifen.

Wir sind im Kern pure göttliche Liebe, wir sind im Wesen reines göttliches Licht, wir sind allumfassendes Bewusstsein, das als Mensch geboren wurde, um sich dieser einmaligen Erfahrung auszusetzen.

So befinden wir uns jetzt mitten im Spiel. Das irdische Drama oder die irdische Komödie steuert immer neuen Höhepunkten zu.

Jetzt liegt es an dir, daraus den größten Erkenntnisgewinn zu ziehen und daran spirituell zu wachsen.

JJK: Brauchen die Menschen immer Dramen, damit sie reifen können?

DAS GRÖSSTE ABENTEUER

SANAT KUMARA: Dramen nicht, Abenteuer schon! Eine Verkörperung ist immer ein Abenteuer. Jeder Engel, der sich auf das Leben als Mensch vorbereitet, liebt das Abenteuer und gestaltet sein Leben so aus, dass es reichlich davon gibt. Dies endet erst, wenn der Erfahrungsschatz ausgeschöpft wurde. Die Seele schlägt einen neuen Weg ein und der Mensch wird innerlich still und friedlich.

Danach beginnt das größte Abenteuer eines Menschen: das spirituelle Leben und die Annäherung an Gott. Der Schlaf ist vorüber. Ein Leben in Freude, fern von Dramen und schicksalhaften Ereignissen beginnt – die Erinnerung kehrt zurück!

Sobald der Mensch verinnerlicht, dass spirituelles Wachstum auch ohne Leid und Schmerz möglich ist, ändert sich das ganze Leben.

Dramatische Wendungen bleiben nur so lange Teil des Spiels, bis eine Seele alles ausgekostet hat und sich für das Schmerz befreite Lernen durch Lebensfreude öffnet. Zusammengefasst: Die Menschen verbringen so lange Zeit auf der Hochschaubahn des Lebens, bis sie bereit sind, auf die Ebene der Freude zu wechseln.

Somit ist auch das Drama für viele Menschen in vielen Leben ein wesentlicher Bestandteil des irdischen Schauspiels. Nur ältere Seelen haben keinen Bedarf mehr nach diesen Erfahrungen. Sie lernen und wachsen im Lichte Gottes und sie bedürfen keiner ungünstigen Fügungen mehr. Diese älteren Seelen befinden sich heute in großer Zahl auf der Erde und sie messen den derzeitigen Entwicklungen die Bedeutung zu, die sie haben: Aufwach-Beschleuniger für die Menschen!

DAS REICH GOTTES AUF ERDEN

Es ist kein Geheimnis: Euch wird alles abverlangt! Warum? Damit euch am Ende alles gegeben werden kann!

Das Reich Gottes auf Erden muss erworben werden, es wird euch nicht geschenkt.

Frieden, Freude, Einheit und Liebe sind nur für jene Menschen attraktiv, die in sich selbst das Friedensreich erlangt, die Lebensfreude verwirklicht und zur Selbstliebe gefunden haben.

Es ist kein Geheimnis: Was du innerlich nicht besitzt, das kann sich auch im außen nicht manifestieren – und so werden jetzt immer mehr Menschen zu sich selbst geführt.

Die existenziellen Krisen werfen existenzielle Fragen auf – und genau darauf kommt es jetzt für viele Menschen an.

Bevor ein Mensch durch die göttliche Liebe veredelt werden kann, wird seine Seele im Feuer des Lebens geschmiedet. Das ist der Pfad der Seele: von der Unbewusstheit zum Bewusstsein, vom Vergessen zur Erinnerung.

Gott steht jedem Menschen, der sich auf den Weg macht, bei. Wer sein wahres Selbst erreichen will, der geht nicht verloren und der verliert sich nicht.

Machtvoll ist der Mensch, der sich selbst erkennt – und machtvolle Menschen braucht es jetzt auf dieser Erde.

Geist bist du und pure Liebe – aus dem Sein herabgestiegen auf diese Welt. Du bist ich – erinnere dich!

SANAT KUMARA

„Womöglich lebst du das Leben von anderen und vielleicht glaubst du die Welt retten zu müssen? Was aber bleibt dann von dir?"

SANAT KUMARA

LEBEN OHNE STRESS!

SANAT KUMARA

GENUG GELITTEN!
AKTIVITÄT VERSCHÜTTET SEHNSUCHT NACH GOTT
WAS ES HEISST, IN DEIN HERZ ZU LEUCHTEN?
ÜBERNIMM DIE VERANTWORTUNG!
WAS WILLST DU WIRKLICH?
DIE STRESS-FASTENKUR VON 7 TAGEN
LEBEN DURCH FREUDE

18. MÄRZ 2021

GENUG GELITTEN!?

Die tiefe Sehnsucht des Menschen nach Selbsterkenntnis beginnt. Du erwachst und findest in die Ausgeglichenheit und in den Frieden zurück. Dein Leben wird voll und voller, bis du ganz von dir selbst ausgefüllt bist – und davon handelt diese Botschaft.

Ich bin SANAT KUMARA, Logos dieser Erde.
Ich bin den Menschen vorausgegangen und ich gehe den Menschen auch jetzt, in der entscheidenden Phase des Aufstiegs, voraus. Wir sind eine einzige große und lebendige Familie.

Niemand kann getrennt von dieser Wahrheit existieren, es sei denn, jemand besteht darauf und möchte sich selbst in der Trennung erfahren und somit das Tal der Tränen für eine gewisse Zeitspanne lang durchwandern.

Diese Botschaft richtet sich an jene Menschen, die genug haben vom Leid, vom Elend und von Schmerzen. Sie richtet sich an die, die einen Sinn im Leben sehen und ihr eigenes Schicksal als Chance zum Wachstum begreifen wollen.

Nichts geschieht ohne Wissen deiner Seele und so ist alles, was du derzeit erleben kannst, von höherer Stelle auch orchestriert.

Vielen Menschen entzieht sich der tiefere Sinn ihres Daseins und so verlaufen sie sich, indem sie in der äußeren Welt nach Antworten suchen. Viele Menschen kommen einfach nicht zur Ruhe, finden keine Stille und keinen inneren Frieden. Vor allem jetzt, da die Zukunft der Menschheit und die Zukunft des einzelnen Menschen ungewiss scheint, flüchten sich viele in äußere Aktivitäten – anstatt innerlich innezuhalten.

Die Revolution findet auch heute zuerst in dir statt und hat sie dort nicht stattgefunden, findet sie nirgendwo statt. Du brauchst erst gar nicht auf die Straße zu gehen und gegen dies oder jenes zu demonstrieren, wenn du nicht bereit bist, dich eingehend mit dir selbst zu befassen. Das ist der Punkt und darum geht es heute bei allen Bestrebungen.

Ihr wisst es, und dennoch haltet ihr an alten Gewohnheiten, an Rastlosigkeit, am ständigen Tun, am falschen Essen, an überholten Lebenskonzepten und an überholten Glaubenssätzen fest!

AKTIVITÄT VERSCHÜTTET SEHNSUCHT NACH GOTT

Gott ist immer noch ein Fremder, ein Entfernter und deine Sehnsucht nach Selbsterkenntnis wird unter den

Aktivitäten des Alltags begraben. Du kannst einwenden: „Ja, aber ich muss mich um das Überleben sorgen, jetzt, da die ganze Welt auseinanderbricht!" Du kannst sagen: „Aber ja, ich habe eine Firma, Familie und Kinder, die bedürfen des Schutzes und meiner Arbeit!" Und du kannst als Rechtfertigung anführen: „Alles, was ich tue, tue ich für meine Mitmenschen."

Das alles und noch mehr kannst du in die Diskussion einbringen, jedoch am Ende bleibt eine Wahrheit bestehen: Deine Hyperaktivität überlagert deine Sehnsucht nach Gott!

Geliebter Mensch,

solange du ständig auf der Überholspur lebst, so lange hast du nicht begriffen, worum es in deinem Leben geht.

Jede Zeit, jede Inkarnation und jedes Leben bieten dir genug Ausreden, um dich weniger mit dir selbst als mit deinem Umfeld zu befassen. Das ist die Täuschung, der du Leben für Leben auf dem Leim gehst, bist du durchschaut hast, was es zu durchschauen gilt.

Das gesunde Prinzip ist: Lebe von innen nach außen!

Doch so viele Menschen meiden ihr Inneres, da sie sich mit den inneren Baustellen nicht befassen wollen.

Viel bequemer ist es, das alte Leben fortzuführen. Auch dann, wenn man innerlich weiß, dass das ungesund ist und auf Dauer nicht gut gehen kann – die meisten Menschen bleiben so lange dabei, bis es nicht mehr geht und bis sie vom Schicksal zum Umdenken gezwungen werden.

Auf diese Weise verlaufen sich hochbegabte, hoch veranlagte und mit hohen Aufträgen ausgestattete Seelen. Sie verlaufen sich, indem sie ihre ganze Energie verschwenden, da sie diese in Äußerlichkeiten investieren, anstatt mit ganzer Aufmerksamkeit und Kraft das Innere zu erforschen.

Die Anbindung an Gott erreichst du, indem du dein Herz durchlichtest. Diese Weisheit ist vielen vertraut und doch machen sich die wenigsten damit vertraut.

WAS HEISST, IN DEIN HERZ ZU LEUCHTEN?

Das heißt, Blockaden zu entfernen und dich an das Wissen deiner Seele anzubinden, es heißt: in die unerschöpfliche Liebe Gottes einzutauchen!

Wie willst du diese Zeit begreifen, wenn du immer distanziert von dir selbst lebst? Solange du dein Unterscheidungsvermögen alleine von deinen menschlichen

Sinnen ableitest, bist du in Begrenzungen verloren und du kannst nicht erahnen, was geschehen wird.

Wie dieses Spiel auf der Erde endet, das entscheidest du! Alle Menschen entscheiden es, wie es jetzt weitergeht, und die erste und wesentlichste Entscheidung, die zur Selbsterforschung, fällt in dir – in deinem Herzen.

So dreht sich das Rad der Zeit, solange du das aufschiebst, weiter und weiter. Wie lange willst du darin noch gefangen sein?

Heute fühlen sich viele Menschen ausgebrannt, ausgelaugt und überfordert. Das ganze Leben ist eine einzige Überforderung und viele wissen nicht mehr weiter. Was kannst du sofort tun!

ÜBERNIMM DIE VERANTWORTUNG!

Übernimm dafür die Verantwortung! Sag niemals: „Die Umstände hätten daran die Schuld!" oder, „Der oder die sind dafür verantwortlich." Das ist ein großer Irrtum. Immer bist es du selbst, auf den es ankommt.

Du bist die Lösung und dein Bewusstsein hat die Lösung. Dein unendlicher Geist wartet nur darauf, bis du deine inneren Kanäle für sein Flüstern öffnest.

Was immer dich heute stresst und belastet – es liegt allein an dir, das zu ändern.

Das ist die erste und wichtigste Erkenntnis. Sei kein Opfer mehr, sondern werde selbstbestimmt. Sei kein Spielball deiner Emotionen oder deiner eingeschliffenen Muster und Glaubenssätze, sondern löse sie nacheinander auf, bis nur noch du selbst übrig bleibst.

Die erste Lektion ist:

Übernimm mutig Eigenverantwortung für alles, was in deinem Leben geschieht.

Danach wird dein Blick klar und deine Wahrnehmung ist in richtige Bahnen gelenkt. Wer ganz auf sich selbst fokussiert, wer bei sich selbst mit der Erlösungsarbeit beginnt, ist immer am richtigen Weg.

Der wahre Grund für dauerhaften Stress und ständige Überbelastung ist immer eine zu geringe Anbindung an das Göttliche in dir. Nutze daher jede Gelegenheit, um dich mit deinem Inneren zu verbinden. Jeder Mensch hat diese Möglichkeit, auch dann, wenn er glaubt, in Arbeit unterzugehen oder wenn er meint, dass ihn der Alltag davon abhielte.

WAS WILLST DU WIRKLICH?

Die zweite Lektion ist in folgenden Fragen begründet:
Was willst du in diesem Leben wirklich erreichen?
Willst du dich selbst kennenlernen und wenn nötig auch
verwandeln? Oder möchtest du lieber deine inneren
Problemfelder durch ein ruheloses Dasein kaschieren?

Beantworte dir diese Frage – und sei aufrichtig dabei!
Niemand hört dir jetzt zu und niemandem, außer dir
selbst, bist du Rechenschaft schuldig! Was willst du,
Mensch, wirklich?

Die Antwort auf diese Frage entscheidet alles und
entscheidet, ob diese Botschaft für dich ist.

Geliebter Mensch,

Stress und Überforderung, so sie dauerhaft auftreten
und nicht mehr in den Griff zu bekommen sind, wirken
sich äußerst negativ auf dein psychisches und
physisches System aus. Es ist nur eine Frage der Zeit,
wann dein Körper nicht mehr mitmacht und wann du
psychisch verwelkst. Dauerhafte Überforderung verlangt
nach einer Therapie! Hast du das begriffen, dann kommt
es nur noch darauf an, welchen Therapeuten du wählst:
Gott, das göttliche Licht, die Liebe von Engeln, Meistern
und Schöpferwesen oder aber irdische Interventionen

von fähigen Menschengeschwistern, die dich zum Hinblicken ermuntern und dich dir selbst näherbringen können.

Wie kannst du also vorgehen, wenn dir bewusst geworden ist, dass du Stress und Überbelastung aus deinen Leben entfernen musst?

1. Bete und bitte deinen Schöpfer um Hilfe!
2. Sei bereit, dein Leben zu verändern!
3. Innerer Frieden, Ruhe und Gelassenheit müssen ein wahres Anliegen sein, anderenfalls macht es wenig Sinn, um irgendetwas zu bitten. Der Himmel steht dir bei, wenn du diesen Beistand wirklich willst. Wünsche greifen zu kurz, es muss ein existenzielles Verlangen nach Heilung in dir vorherrschen.

Solange du Aktivitäten brauchst, um dich wertvoll, bedeutend, akzeptiert und geliebt zu fühlen, so lange findet dein Lernen über den Schmerz statt.

Wodurch definierst du deinen Selbstwert? Das ist die einzig legitime Frage. Bist du dir selbst, so, wie du bist, genug? Liebst du dich selbst, so, wie du bist? Willst du oft ein anderer, eine andere sein? In diesen Betrachtungen liegt der Schlüssel zum Verständnis deines „So-Seins" und zu dem, was du in diesem Leben erlösen und erfahren möchtest.

Die dritte Lektion besteht somit darin: zu akzeptieren, was ist. Das ist die schwerste Übung, denn dich so anzunehmen, wie du bist, wenn du die ganze Zeit als etwas anderes scheinen willst, ist schwer.

Mit dieser dritten Lektion schließt sich der Kreis. Erneut liegt es an dir, Verantwortung für dich selbst zu übernehmen – von der Ohnmacht zur Macht, von der Hilflosigkeit in die Selbstbestimmung – und aus einem Opfer wird reines göttliches Bewusstsein, das sich über die Formen und Dinge erhebt.

DIE STRESS-FASTENKUR VON 7 TAGEN

Abschließend gebe ich dir eine einfache Übung:
Mache eine Stress-Fastenkur!

Mach dir deine Stressfaktoren bewusst und lass sie eine Woche lang liegen! Schreib dir auf, was dich stresst, was dein Leben täglich durcheinanderwirbelt. Chronische Überbelastung führt zu chronischen Krankheiten. Sauer verdientes Geld führt zu einem übersäuerten Körper und zu unkontrollierbaren emotionalen Ausbrüchen. Mach dir das alles bewusst. Dann beginne mit der Stress-Fastenzeit.

Tausche den Stress gegen Entspannung.

Anstatt ruhelos zu funktionieren, verbringst du Zeit mit dir selbst. Diesen Urlaub sollst du dir mitten im Alltag nehmen! Dein Umfeld, ob Arbeit oder Familie, soll bemerken, dass du nicht mehr für alles und alle zuständig bist. Diese Stress-Fastenkur von 7 Tagen bringt dich auf neue Gedanken und erzeugt in dir ein Gefühl von Freiheit, etwas, was du lange entbehren musstest.

Oft sind es die kleinen und einfachen Dinge, die dir Lebensqualität zurückbringen. Was nützt dir ein langer Urlaub am Strand, wenn du danach dein altes und falsches Leben wieder aufnimmst?! Befreien kannst du dich immer nur dort, wo du dich selbst einengst und fesselst – und das ist meist dein Alltag, es sind die alltäglichen Muster und Gewohnheiten die dich krank machen oder gesund erhalten. Ein ausgedehnter Urlaub, eine Auszeit einmal im Jahr sind keine dauerhafte Lösung. Löse deine Probleme dort, wo sie entstanden sind. Oder willst du in der Wüste Fische fangen?

JJK: Viele Menschen klagen zwar über Stress, doch sie sind kaum bereit, etwas zu ändern. Gibt es Situationen, in denen Stress eine Berechtigung hat?

SANAT KUMARA: Ein Mensch der sich dauerhaft gestresst fühlt oder, ohne es selbst zu bemerken, gestresst ist, geht immer einen Irrweg.

Mögen die Gründe dafür noch so edel sein, die eigene Misshandlung ist genauso eine Sünde wie die Misshandlung des Nächsten.

„Liebe dich selbst wie die Nächsten."

Kommt die Liebe zu kurz, herrscht immer ein Mangel – und bei einem gestressten Menschen kommt die Liebe zu sich selbst immer zu kurz!

Es gibt allerdings Situationen, in denen ein Mensch vorübergehend Stress erlebt.

Das ist auf einer Welt, die durch derartige Transformationsprozesse geht, kaum zu vermeiden. Jedoch geht es immer darum, wir rasch es dem Menschen gelingt, Stress abzuschütteln und wieder zu sich selbst zurückzufinden.

Grundsätzlich verhält es sich derart: Ein ständig mit Gott kommunizierendes Bewusstsein kann mit Stress umgehen, ein auf die äußere Wahrnehmung begrenztes Bewusstsein wird vom Stress aufgesogen.

Erzeuge daher ein neues Energiefeld in deinem Leben! Visualisiere einen neuen Alltag und werde dir bewusst: Stress frisst sich durch dein Leben, bis weder von dir noch von deinem Leben etwas übrig ist.

Frieden, Freude, Freiheit, Gelassenheit, Glück und Gotteserkenntnis – ein rastloses Leben steht dem im Wege, also, Mensch: Was willst du wirklich?

LEBEN DURCH FREUDE

Geliebter Mensch,

lass dich ganz auf dein Leben ein! Liebe es und liebe dich selbst! So, wie du heute bist, bist du richtig. Aus falschen Gewohnheiten mache richtige Gewohnheiten und dein Leben wird ein Fest der Freude.

Niemand verlangt von dir, dass du mit dem Fuß auf der Bremse fahren sollst, doch manchmal ist es gut, eine Gefahr rechtzeitig zu erkennen und den Wagen unter Kontrolle zu bringen.

Bei der Gefahr, die von deiner Unrast, vom Stress und von der Überbelastung, aufgrund von falsch verstandenen Lebenskonzepten, ausgeht, gilt es das Lenkrad deines Lebens fest in die Hand zu nehmen und auf die Bremse zu steigen.

Womöglich lebst du das Leben von anderen und vielleicht glaubst du die Welt retten zu müssen?

Was aber bleibt dann von dir?

In vollkommener Liebe
SANAT KUMARA

„Diese Aufführung wird bald abgebrochen werden und alles wird sich lösen – wie der Nebel in der Morgensonne."

BABAJI

JETZT WILL ICH TATEN SEHEN!

BABAJI

PHURO, LASST EUCH INSPIRIEREN!
GLAUBE AN DAS GUTE
DIE CORONA-IMPFUNG
CORONA IST NICHT VON DAUER!
DER LETZTE AKT

21. MÄRZ 2021

PHURO, LASST EUCH INSPIRIEREN!

Bleibt im Frieden, bleibt im Gottvertrauen – das ist alles! Die große Revolution ist im Gange. Große Umbrüche ereignen sich und der Wandel, der alles und alle verändert, ist nicht mehr zu übersehen. Viele erstarren vor Furcht und manche blicken verängstigt in die Zukunft. Ich sage euch:

PHURO, lasst euch inspirieren und lasst euch mit Begeisterung auf die Neue Zeit ein!

(Anm. JJK: PHURO ist ein Ausspruch, den MAHAVATAR BABAJI in seiner Verkörperung von 1970 – 1984 in Haidakhan wiederholt getätigt hat. PHURO wirkt als Mantra und bedeutet: „Lass dich inspirieren!")

Niemand kann euch etwas antun, so ihr fest in euch selbst steht und im Herzen mit Gott verbunden bleibt.

Gott kennt dich, Gott liebt dich, Gott sorgt für dich! So sorge dich nicht, es sei denn, du liebst die Sorgen mehr als dich selbst.

Ich bin mitten unter euch! Ich bin gekommen, um Frieden und Einheit unter den Menschen zu etablieren. Meine Gegenwart ist sprichwörtlich: Wer mich aus ganzem Herzen ruft, dem stehe ich bei, wer aus tiefster

Seele nach mir verlangt, dem eile ich entgegen.
Ihr habt Sorge, wie sich die Welt weiterentwickeln wird.
Was wird noch kommen und werden die Freiheitsbeschränkungen weiterhin zunehmen? Sind die Interventionen gegen ein Virus, mit dem ein gesunder Mensch leicht von selbst fertig wird, das Trittbrett für dunkle Entitäten, um euch zu steuern oder sogar zu töten? Welche Rolle spielt dabei die Impfung?

GLAUBE AN DAS GUTE

Geliebter Mensch,

glaube an das Gute! Glaube an die guten Mächte des Himmels! Sie stehen dir immer bei! Vergiss die Hoffnung, sie bringt dich nicht weiter. Glaube und vertraue! Lass dich tief in Gott fallen, lass dich tief auf dein Wissen ein und unterscheide genau:

Was du jetzt wahrnimmst, ist der letzte Akt im alten Spiel. Diese Aufführung wird bald abgebrochen werden und alles wird sich lösen – wie der Nebel in der Morgensonne.

Lass die Angstpropaganda unbeachtet und stärke dich täglich durch das Gebet, die Meditation und die direkte Hingabe an Gott.

DIE CORONA-IMPFUNG

Vermeide es, Substanzen, die deinem Körper schaden, deinen Verstand benebeln und dich von deinen ureigenen Gefühlen abschneiden, einzunehmen. Dein Körper ist ein heiliges Gefäß. Achte genau darauf, wie du damit umgehst. Es ist leicht, herauszufinden, was dir guttut und was dir schadet.

Noch leichter ist es, anhand der unermüdlichen Aufklärungsarbeit von Menschen, die die Menschen wirklich lieben, festzustellen, was die Corona-Impfstoffe am Ende wirklich bewirken. Doch die Arbeit, dies herauszufinden, kann dir niemand abnehmen. Wie kann ich dir einen Rat geben, wenn du dich weigerst, das Offensichtliche zu sehen?

Bringe dich bitte selbst in Bewegung! Stehe auf und erhebe dich! Durchschaue die Täuschung der Täuscher und die Lügen der Lügner! Das ist der Punkt, um den es jetzt geht: durch die konstante Verbindung mit Gott die Nerven zu behalten und bei dir selbst zu bleiben!

Frieden und Einheit sind das Ziel der ganzen Menschheit! Darum geht es jetzt und dafür gilt es sich jetzt einzusetzen. Wer untätig bleibt, vergeudet sein Leben. Tätig zu sein, dort, wo du bist und mit den Fähigkeiten, die du hast!

Dein Glück ist nichts, was in weiter Ferne auf dich wartet, sondern ist das Geschenk, das jetzt, hier und heute für dich bereitliegt. Hindern dich äußere Umstände daran, es zu erfahren, dann ändere deinen Blickwinkel und nicht die Umstände.

Diese Erde verwandelt sich zurück zu dem, was sie einst war: ein Ort der Liebe Gottes – und die Menschen verwandeln sich mit ihr.

Heute befinden wir uns in der Phase, in der dieser Wandel von Entitäten des kalten Lichts blockiert werden soll. Alle Anstrengungen dahingehend sind Verzweiflungstaten von Verzweifelten.

CORONA IST NICHT VON DAUER!

Beachte dies: Das ist ein Zeitphänomen und nicht von Dauer! Die Phänomene und Einschränkungen, die derzeit vorherrschen, werden vergehen.

Bleib unbeeindruckt von dem, was rund um dich geschieht. Sag NEIN an den richtigen Stellen – und sag JA, wenn es darum geht, Gott näherzukommen.

Worum es jetzt für die dunklen Entitäten geht, ist, so viele Menschen als möglich vom Erwachen abzubringen und sie von der inneren Anbindung an das Göttliche abzuschneiden. Allein deshalb gibt es Impfstoffe, die in aller Eile ausgebracht werden.

Das ist die Gelegenheit für dich zum Aufwachen und um NEIN zu sagen. So offensichtlich war das Offensichtliche noch nie, so überdeutlich hat sich das Unmenschliche dem Menschen noch niemals offenbart.

JJK: Gerade heute, während ich diese Botschaft empfangen durfte, schrieb uns ein Leser:
„Dumme rennen, Kluge warten, Weise gehen in den Garten." Weiters fügte der Leser hinzu: „Wir werden in diesem Jahr und wahrscheinlich auch darüber hinaus ziemlich viel Zeit im Garten verbringen."

DER LETZTE AKT

BABAJI: **Fürchte niemals die Konsequenzen des Systems, sondern vertraue deinem menschlichen Verstand und den von deinem göttlichen Geist inspirierten Entscheidungen.**

PHURO, lass dich inspirieren! Lass dich von deinem göttlichen Bewusstsein durch diese Zeit leiten – Weisheit braucht Bewusstsein.

Übereiltes Handeln aus Angst ist das Gegenteil davon! Genieße den Garten der Weisheit, der sich in deiner Seele ausbreitet. Zeit ist kein Maßstab für Menschen, die sich an ihr zeitloses Sein angebunden haben.

Was du jetzt siehst, ist der letzte Akt des Spiels. Sobald der Vorhang fällt, hat jeder Mensch seine Wahl getroffen – dann wird er erkannt und er erkennt sich selbst. Gehe Konflikte ein, wo sie unvermeidlich sind, darüber hinaus lebe dein Leben – in Frieden und in Freude. Ich bin allezeit bei dir!

Dankbarkeit und Frieden, Liebe und Selbstliebe werden in die Herzen der Menschen gelegt. Glück und Freude sind das Geschenk Gottes. Alles ist vorbereitet, damit du auf der Basis dieses Zeitgeschehens deine Wahl treffen kannst.

Jetzt will ich Taten sehen, Taten, die Himmel und Erde zeigen, wer du bist und wohin du wirklich gehen willst, Taten, die eines Menschen angemessen und eines göttlichen Bewusstseins würdig sind.

Was willst du wirklich, geliebter Mensch?

Ich liebe dich unendlich
BABAJI

„Deine Spiritualität im Alltag zu leben, heißt, hinter dem Augenscheinlichen das Eigentliche zu erkennen."

MEISTER ST. GERMAIN

AUFRÄUMARBEITEN

MEISTER ST. GERMAIN

22. MÄRZ 2021

JJK – TRAUM: Mit zwei Pistolenkugeln erschieße ich den aktuellen US-Präsidenten Joe Biden. Als er vor mir am Boden liegt und ich selbst über meine Tat überrascht bin, bemerke ich, dass ich innerlich gar nichts fühle! Kein schlechtes Gewissen regt sich, so, als hätte ich eine Puppe, ein Ding, einen Gegenstand erschossen.
(TRAUM ENDE)

Den ganzen Tag über beschäftigt mich dieser Traum und immer wieder wird mit eingespielt: „Das war ein leerer Körper, ein unbeseelter Klon! Daher kannst du nichts empfinden." Jetzt frage ich mich noch, warum MIR dieser Traum gegeben wurde und warum ich diese Tat begehen musste?

MEISTER ST. GERMAIN: Hier geht es um die Auflösung von Körperhüllen, die täuschend echt sind, in Wirklichkeit aber die Menschen nur verwirren. Auf energetischer Ebene hast du eine Hülle entfernt – weitere Hüllen werden entfernt, bis die Menschen sehen, was sich dahinter verbirgt.

JJK: Warum ich?

MEISTER ST. GERMAIN: Es ist Teil deiner Aufträge, auf der Traumebene und im feinstofflichen Bereich gewisse „Aufräumarbeiten" zu unterstützen.

Jeder Mensch hat seinen Bereich, in dem er für die Wahrheit einsteht und hat seine Mittel, mit denen er vorgehen kann, darf und soll.

JJK: Es war in der Tat ein sehr merkwürdiges Gefühl. Im Wachbewusstsein tut mir eine Fliege leid, die sich im Winter ins Wohnzimmer verirrt und nur noch herumtaumelt, in diesem Traum aber bin ich wenig zimperlich und erschieße jemanden, ohne auch nur mit der Wimper zu zucken.

MEISTER ST. GERMAIN: Dies ist der Fall, wenn du auf unbelebte und unbeseelte Materie triffst. Es ist eine Puppe, die gesteuert wird und die sich ihrer selbst nicht bewusst ist. Es sind erschaffene Entitäten, wie sie euch in Science-Fiction-Filmen vorgeführt werden.

Ein Mensch hat zu solchen künstlich erschaffenen, seelenlosen Geschöpfen, die wie schlecht entwickelte Roboter funktionieren, keine innere Verbindung, keinen Draht, keine Chemie. Das ist der natürliche Grund für deine Empfindungslosigkeit.

JJK: Heißt das, dass es Doppelgänger von bestimmten Staatspitzen gibt?

MEISTER ST. GERMAIN: Es gibt von bestimmten Staatspitzen viele Doppelgänger – solche von menschlicher Natur und solche, die nichts mit einem Menschen zu schaffen haben. Dein Traum bestätigt die Wahrnehmung, die immer mehr Menschen davon haben. Denn viele Politiker kommen euch wie ferngesteuert vor. Manche sind ferngesteuerte, heißt übernommene Menschen, andere sind ferngesteuerte und künstlich erschaffene Körperhüllen.

Mit diesem Einblick in das Zeitgeschehen und in die Dinge, die dahinter wirken, umarme ich die Menschheit mit meiner ganzen Liebe. Es ist notwendig, dass ihr von solchen Entwicklungen Kenntnis habt. Denn nur so wird euer Blick schärfer und euer Urteilsvermögen klarer. Vieles und viele sind nicht das, als was sie scheinen. DAS ist die Lektion zum heutigen Tage, das ist die Entwicklung vom unbewussten zum bewussten Menschen.

Deine Spiritualität im Alltag zu leben, heißt, hinter dem Augenscheinlichen das Eigentliche zu erkennen.

Das ist jetzt notwendig, damit ihr bewusster und aufmerksamer den alltäglichen Berichten der Weltpolitik und des Zeitgeschehens folgen könnt.

Ich bin mit euch! Gemeinsam heben wir die Welt ins Licht und du, Mensch, bist über alle Maßen geliebt.

MEISTER ST. GERMAIN

„Niemand braucht seine Aufgaben zu suchen, sie finden dich!"

SAI BABA

ÖFFNE DEIN HERZ
FÜR DIE LIEBE GOTTES

SAI BABA

ÖSTERREICHISCHE REGIERUNG
VERBIETET OSTERN!
AUFGABEN FINDEN DICH!
STEIN FÜR STEIN AN DIE RICHTIGE STELLE

25. MÄRZ 2021

ÖSTERREICHISCHE REGIERUNG VERBIETET OSTERN!

JJK: Ich war voller Zorn und Wut! Die Österreichische Regierung hat Ostern abgesagt! Die Familien dürfen sich nicht treffen. Jetzt drehen die komplett durch! Bald soll es für jeden Bereich Zutrittstests geben. Das muss ein Ende finden, aber wie?

Dann überlege ich, was ich, neben meiner mich voll ausfüllenden Arbeit als „Schreiber Gottes", tun kann: demonstrieren, mich vor das Bundeskanzleramt setzen und in einen Hungerstreik treten, bis die Maßnahmen aufgehoben sind, usw. Manchmal, es sind Tage wie heute, weiß ich einfach nicht weiter.

Ich war im Wald spazieren und habe anschließend eine Meditation mit dem Kristallwürfel des Aufstiegs[6] gemacht. Jetzt bin ich wieder zentriert und in meiner Mitte. Aber „was soll ich tun?" Die Frage bleibt.

Ich greife zum Buch „Jesus und Sai Baba", das ich in solchen Fällen, wie viele Leser meiner Bücher wohl schon wissen, gerne als „Orakel" heranziehe. Dabei fokussiere ich mich ganz auf meine Frage und per Zufallsprinzip schlage ich eine Seite auf. Auf Seite 200 lese ich: *„Ob ihr in der Welt aktiv tätig seid oder ob ihr euch von ihr zurückgezogen habt – es zählt nicht so sehr,* *was ihr tut oder nicht tut, sondern wie erfolgreich ihr mit dem Ausmerzen und Vernichten jener tief eingeprägten Muster und Neigungen seid, die in euren Herzen verborgen liegen."*[16]

Also soll man alle Pläne für eine Revolution begraben?

SAI BABA: Geliebter Jahn, geliebte Menschen, die ihr seid in Gottes Hand.

DIE AUFGABEN FINDEN DICH!

Nach wie vor gilt es auf die eigene Heilungsarbeit das größte Augenmerk zu richten. Das kommt zuerst. Im Zuge der eigenen Transformationsarbeit werden dem Menschen neue Aufträge enthüllt. Das kommt nach und nach und wird gegeben.

Niemand braucht seine Aufgaben zu suchen, sie finden dich!

JJK: Ich habe bei mir das Gefühl, da ist noch etwas, da kommen neue Aufträge?

SAI BABA: Es enthüllt sich dir, sobald die Zeit dafür reif ist – und auch die Zeit muss, wie die Menschen, reifen.

Was die aktuell sehr angespannte Situation in Europa betrifft: Alles verbindet sich am Ende zu einer großen Symphonie und die Menschen werden ihre Freiheit zurückerlangen.

JJK: Also noch immer durchhalten?

SAI BABA: Den Pfad des Lichts beharrlich weitergehen, nach eingeprägten Mustern Ausschau halten und das Herz für die Liebe Gottes weit öffnen – alles andere wird dir gegeben, alles andere wird jedem Menschen gegeben.

JJK: Manchmal ist es halt kaum auszuhalten. Die Entwicklungen auf der Erde machen auch mich dann und wann ratlos.

SAI BABA: So lange, bis du wieder deine Kräfte gesammelt und deinen Durchblick erlangt hast. Vorübergehende Entmutigung ist immer möglich, ist aber niemals von Dauer, so du wirksame Maßnahmen ergreifst. Licht und Schatten wechseln sich auf der Erde ab und die menschliche Psyche wird beansprucht.

Dauerhafte Niedergeschlagenheit führt zur Krankheit, vorübergehende Niedergeschlagenheit macht dich stärker und kräftigt dein spirituelles Wesen.

STEIN FÜR STEIN AN DIE RICHTIGE STELLE!

Das Leben ist ein ständiges Lernen und Wachsen. Alles geschieht für deine Reifung. Gehe deinen Weg ohne Ziel! Die entscheidenden Weggabelungen werden dir offenbart, so, wie dir das Ende der Reise offenbart wird.

Gott ist der Architekt und du bist der Baumeister deines Lebens. Lege zuerst das Fundament und darauf errichte das Haus! Setze Stein für Stein an die richtige Stelle! Und auch wenn es anstrengend ist:
Der Weg zu Gott führt über die Brücke der Selbsterkenntnis – und nur der, der sich darauf einlässt, findet zum Vater und zur Mutter im Himmel.

JJK: Was also jetzt? Wieder einmal schlage ich im erwähnten Buch nach: *„Geht durch die enge Tür! Denn das Tor, das ins Verderben führt, ist breit und die Straße dorthin bequem. Viele sind auf ihr unterwegs. Aber die Tür, die zum Leben führt, ist eng und der Weg anstrengend. Nur wenige gehen ihn... Nicht jeder, der ständig meinen Namen im Mund führt, wird in Gottes neue Welt kommen, sondern nur die, die auch tun, was mein Vater im Himmel (= der Allgeist) will."*[17]
(Mat 7, 13-14 und 21)

In unendlicher Liebe
SAI BABA

„Niemand, der selbstbewusst ist, möchte einen anderen ändern. Jede Partnerschaft, bei der einer den anderen ändern möchte, scheitert."

PARAMAHANSA YOGANANDA

PARTNERSCHAFT, FAMILIE UND KINDER

PARAMAHANSA YOGANANDA

WIE FINDEST DU DEN RICHTIGEN PARTNER?
ÜBERSTÜRZE NICHTS!
SEX UND ALLTAG
WIE KINDER RIESEN WERDEN

28. MÄRZ 2021

WIE FINDEST DU DEN RICHTIGEN PARTNER?

Geliebter Mensch,

bereite dich zuerst auf spiritueller Ebene auf diese Begegnung vor. Ziehe die Frau deines Lebens oder den Mann deiner Träume durch spirituelle Vorarbeit an.

Woraus besteht diese Vorarbeit? Werde zuerst selbst reif für eine Partnerschaft – und reif zu sein, heißt, dich selbst von jeder Eifersucht zu befreien. Eifersucht ist der größte Hemmschuh einer Ehe oder Partnerschaft. Arbeite an diesem Thema so lange, bis du dir sicher sein kannst, dass es in deiner Partnerschaft keine Rolle spielen wird.

Daraufhin bitte deine geistige Führung um Hinweise, ob dir in diesem Leben ein Lebenspartner beschieden ist. Nicht ein jeder Mensch hat eine Partnerschaft gewählt. Manchmal führst du lieber ein Leben als Eremit, als dass du dich auf einen Menschen im Alltag einlässt. Das gilt es zuerst festzustellen.

Gut möglich ist auch, dass noch nicht der richtige Zeitpunkt für eine Partnerschaft gekommen ist. Das ist eine weitere, sehr häufig auftretende Tatsache. Bei allen Anstrengungen, die du unternimmst, kläre zuerst immer, was für dich jetzt stimmig ist.

Danach spüre in dich hinein, erkläre dich dem Himmel und signalisiere deine Bereitschaft! Lass alles auf dich zukommen, forciere nichts, lass es geschehen!

Nur wenn du alleine mit dir selbst leben kannst, kannst du eine Partnerschaft eingehen. Wenn du mit dir selbst nicht auskommst, dann kommst du mit niemandem aus.

Eine Partnerschaft dient den Menschen, in liebevoller Gemeinsamkeit am Projekt Leben zu arbeiten.

ÜBERSTÜRZE NICHTS!

Einer wahren Partnerschaft liegen Verabredungen aus dem Sein zugrunde und diese Verabredungen gilt es zu erkennen. Überstürze also nichts!

Frage dich an dieser Stelle: Kann ich mit mir allein sein oder brauche ich immer Menschen um mich?

Wenn du für die Partnerschaft bereit bist, dann verbinde dich seelisch mit dem Partner. Lade ihn in dein Leben ein! Ist die Zeit dafür gekommen, findet die Begegnung statt. Habe daher Geduld und gehe keine Kompromisse ein! Lenke dich niemals mit anderen Partnern ab, sondern warte!

Tritt der richtige Mensch in dein Leben, dann erkennst du ihn oder sie an den vereinbarten Merkmalen! Es ist unmöglich, eine Begegnung, die stattfinden soll und für die ein Mensch bereit ist, zu verhindern. Es geschieht!

Das Leben mit deinem Lebenspartner ist ein einziges Fest, wenn beide Menschen so weit geklärt sind, dass sie Themen wie Eigennutz, Neid und Eifersucht nicht mehr tangieren. Auch die Vergebung spielt in einer Partnerschaft eine entscheidende Rolle. Es ist die Königsdisziplin für das Gelingen einer Ehe. Kommt noch eine spirituelle Dimension hinzu, ist das Leben vollkommen.

SEX UND ALLTAG

Auf diese Weise erhält auch die Sexualität einen anderen Stellenwert. Sex beschränkt sich dann nicht nur auf die Regionen des Körpers, sondern es ist ein gesamtheitliches Ereignis von Geist, Seele und Körper. Das ist die Einheit, die spirituell verbundene Menschen bei jeder sexuellen Begegnung erfahren können.

Auch das alltägliche Leben hat eine ganz andere Qualität. Glück bringt tiefes Vertrauen – Vertrauen in das Anders-Sein und in das So-Sein des Partners.

Niemand, der selbstbewusst ist, möchte einen anderen ändern. Jede Partnerschaft, bei der einer den anderen ändern möchte, scheitert.

Bei spirituell entwickelten Menschen ist das kein Thema mehr – jeder nimmt den anderen, so, wie er ist!
Es herrscht kein Bedarf nach Einmischung in das Leben deines Partners. Deshalb heirate niemals in der Absicht, dass du deinen Partner nach deinen Vorstellungen formen kannst. Das geht immer schief und stürzt alle ins Unglück!

Lass eine Partnerschaft lieber sein, solange du am Nächsten immer etwas zum Aussetzen hast. Dann liegt es womöglich an dir, dass du noch auf der Suche bist. Wozu sich aufregen – ändere dich!

Reife Seelen erfreuen sich am Anders-Sein des Partners, denn nur so können sie selbst lernen und wachsen. Reife Seelen nutzen die Spiegelungen des Alltags für die eigene Entfaltung und sie nehmen diese nicht als Bedrohung für das eigene Ego wahr. Somit herrschen Verständnis und Vertrauen anstatt Unfrieden oder Streit.

Jetzt kann die Liebe den Raum zwischen Mann und Frau einnehmen. Das Ego tritt zurück und die Seelen können einander begegnen.

WIE KINDER RIESEN WERDEN

Nun sind Kinder ein Thema. Ihr fühlt, dass ihr eine Seele in euer Leben einladen möchtet. Wie geht ihr vor?

Zieht die Seelen an! Ladet Seelen, die zu euch gehören und zu euch passen, in euer Leben ein! Nehmt Kontakt mit der Seele, die sich bei euch verkörpern möchte, auf! Erspürt das Wesen, das euer zukünftiges Kind sein soll.

Führt Gespräche und beobachtet eure Träume! Kinder suchen ihre Eltern genauso aus, wie Eltern ihre Kinder aussuchen – und die Kinder machen sich auf seelischer Ebene vor ihrer Geburt bei den zukünftigen Eltern bemerkbar. Die segenreichste Basis für die Familie ist:

Öffnet eure Seelen und verströmt den Duft der Liebe wie eine Blüte – bis sich die Honigbienen auf ihr niederlassen.

Eure Familie wird gedeihen und die Kinder werden zu den Riesen heranwachsen, die sie von Geburt an andeuten zu sein.

Ich liebe euch unendlich.

PARAMAHANSA YOGANANDA

„Was sich jetzt ereignet, dient der Selbstfindung des Menschen. Es ist mit Blick auf Zukünftiges kein Unglück, sondern ein Segen."

PARAMAHANSA YOGANANDA

WARUM DIESE ZEIT EIN SEGEN IST

PARAMAHANSA YOGANANDA

REIFUNG DER MENSCHEN
WIE SICH VERHALTEN?
DER SEGEN

1. APRIL 2021

REIFUNG DER MENSCHEN

JJK: Mich beschäftigt die Frage: Wie können sich Mann und Frau in Corona-Zeiten überhaupt näherkommen? Abstandhalten, Masken und Lockdowns lassen das kaum zu? Zielen die Maßnahmen genau darauf ab, dass die Menschen vereinsamen und psychisch gebrochen werden?

PARAMAHANSA YOGANANDA: Geliebte Menschen, die ihr alle seid in Gottes Händen.

Derzeit erlebt ihr einen Sturm und entgegen aller Befürchtungen – die Erde wird sich ins Licht verwandeln. Während dieser Zeit gilt es Gelassenheit zu entwickeln und sich immer tiefer auf Gott einzulassen.

Spirituelles Bewusstsein kann immer dann reifen, wenn die Menschen auf sich selbst zurückgeworfen sind und zum Innehalten gebracht werden. Dies geschieht jetzt in einem weltweiten Ausmaß: Alles stellt sich um!

Deine Fragen sind von Bedeutung und die Antworten sind eine Momentaufnahme – und zeigen nicht das Ende dieser Reise an. Für den Moment liegst du richtig. Die Menschen werden voneinander getrennt, werden verunsichert und gestresst. Manche sind psychisch gebrochen und es werden mehr. Das Ziel der unheiligen Kräfte ist es, so viele Menschen als möglich in die

Verzweiflung zu bringen, bis dass sie in den großen Plan einwilligen und alles mit sich geschehen lassen. Derzeit scheint dieser Plan aufzugehen. Jedoch das ist ein großer Trugschluss.

Das Positive an diesen Phänomenen ist, dass die Menschen dazu veranlasst werden, grundsätzliche Fragen aufzuwerfen. Welche Gesellschaft wollt ihr, wie soll sich das Zusammenleben auf der Erde in Zukunft gestalten? Wer bist du wirklich und was hat dich auf die Erde geführt? Warum das alles – Krisen, Verwerfungen und Umbrüche, die dich bis an die Grenze fordern?

Diese Zeit wirft existenzielle Fragen auf und verlangt vom Menschen Antworten – Antworten, die sich ein jeder Mensch nun selbst geben kann.

WIE SICH VERHALTEN?

Es tobt ein Sturm auf Erden! Wie sich verhalten? Bleibt im Frieden, bleibt in der Ruhe, sammelt eure inneren Kräfte! Erreicht Gelassenheit im Sturm! Kommuniziert ständig mit dem Sein, bleibt im Frieden und in der Freude! Bewahrt euch die konstante Anbindung an den Schöpfer und intensiviert den lebendigen Austausch mit den guten Mächten, die dich jenseits des Schleiers unterstützen und auf Kurs halten.

Betet, meditiert und widmet euch den guten und lichten Aspekten! Ernährt eure Seele von lichtvollen Visionen einer lichtvollen Zukunft! Taucht niemals zu tief in die Abgründe hinunter! Verdrängt nicht, sondern blickt hin, doch wendet euch vom Abgrund, ehe er euch verschlingt, rechtzeitig ab!

Es ist keine Hilfe, so ihr den Ängsten Raum gebt und euch entmutigen lässt. Wertvoll in dieser Zeit ist, dass ihr mit der Kraft und Liebe in euch selbst in Berührung kommt und in Berührung bleibt.

Alle Maßnahmen, die die Menschen jetzt voneinander trennen, erzeugen die Notwendigkeit, sich auf sich selbst zu besinnen.

Mitten im Sturm wird es im Menschen still. An diese Stille sind – in einer lauten Welt – die wenigsten Menschen gewöhnt. Das ist im ersten Moment beunruhigend, kann sich aber in der Folge als Segen herausstellen.

JJK: Wenn ich an die Kinder oder an die Jugendlichen denke, die ja voneinander ferngehalten werden – wirkt sich das nicht negativ auf das spätere Leben aus?

PARAMAHANSA YOGANANDA: Zuerst werden alle Menschen gebremst und zum Innehalten veranlasst.

Das ist der Punkt, um den es jetzt geht. Alle negativen Folgen dieser Umstände werden der Heilung zugeführt. Junge Menschen leiden genauso wie ältere Menschen, unter diesen Maßnahmen. Die Vereinsamung wirkt sich immer negativ aus, es sei denn, du bist ein geborener Mystiker. Dies trifft aber nur auf die wenigsten Menschen zu.

DER SEGEN

Für die meisten ist es schwer, in sich zu gehen, in ihr Herz zu schauen und in ihre Seele zu leuchten. Das Abenteuer des Lebens will gelebt werden. Der Lärm im außen übertönte bei vielen Menschen die innere Stimme. Jetzt ist Ruhe eingekehrt und existenzielle Fragen werden aufgeworfen. Diese Pause ist dringend notwendig und wird sich schließlich als heilsam herausstellen. Am Ende werden die unheiligen Kräfte diese Erde verlassen müssen und es wird ein jeder Mensch Heilung finden.

Auch Partnerschaften und Familien erhalten einen neuen Stellenwert. Diese Phase bringt die Menschen auf neue Gedanken und konfrontiert sie mit ihren Gefühlen. Das Verdrängen funktioniert nicht mehr, ein Aufschieben ist schwer möglich – hinzublicken, anzunehmen und zu heilen, ist das Gebot der Stunde.

Was sich jetzt ereignet, dient der Selbstfindung des Menschen. Es ist mit Blick auf Zukünftiges kein Unglück, sondern ein Segen.

Das Neue braucht einen fruchtbaren Boden. Die alte Welt vergeht, die neue Menschheit entsteht. Die Aufräumarbeiten sind in vollem Gange, bis sich die Geburt der neuen Menschheit – frei von Schmerzen – ereignen kann.

Bete, meditiere und verbinde dich mit dir selbst! Was außen ist, nimmt wahr, dann lass es sein. Was dich innerlich bewegt, betrachte im Lichte Gottes. Das ist die Aufgabe für dich in dieser Zeit: Dir selbst vertraut zu sein und mit Gott eins zu werden.

Selig bist du Mensch, der du die Bedeutung dieser Zeit verstehst.

In unendlicher Liebe bin ich bei dir.
PARAMAHANSA YOGANANDA

„Der Mensch verliert durch diese Impfung die innere Anbindung an das Göttliche."

MEISTER ST. GERMAIN

DIE CORONA-mRNA-IMPFUNG

MEISTER ST. GERMAIN

ÖSTERREICH IMPFT!
ABSTIEG ODER AUFSTIEG?
DIE LIEBE UND DAS SCHWERT
KOLLEKTIVER SELBSTMORD?
WAS BEWIRKT DER MRNA-CORONA-IMPFSTOFF?
DAS GROSSE STERBEN
DAS GROSSE EREIGNIS
GIBT ES HEILUNGSCHANCEN NACH EINER CORONA-IMPFUNG?
NOTFALL-ANRUFUNG
CORONA-DYNAMIK
HÜTE DEINE SEELE

5. APRIL 2021

ÖSTERREICH IMPFT!

JJK: Seit rund einer Woche baut sich die Energie für dieses Gespräch zum Thema Corona-Impfung auf und seit einer Woche werde ich, je näher dieses Gespräch rückt, deprimierter und trauriger. In diesem Buch ist immer wieder die Rede davon, doch jetzt, so fühle ich, gehen wir in die Tiefe.

Österreich hat mit dem Impfen begonnen – die Propaganda läuft auf Hochtouren. Das löst in mir innerliche Beklemmung aus, denn ich muss sehen, dass es sogar in meinem unmittelbaren Freundes- und Familienkreis immer mehr Impfwillige gibt. Manchmal verliere ich für kurze Zeit sogar das positive Grundgefühl, das mich ansonsten zuverlässig durch das Leben trägt.

MEISTER ST. GERMAIN: Ich umfange dich mit meiner Liebe! Ich bin bei dir. Ich bin jetzt bei allen Menschen, die bereit sind, sich im Lichte der Wahrheit mit dieser Situation auseinanderzusetzen. Die Zeit, die euch angekündigt wurde, ist gekommen. Die Spreu trennt sich vom Weizen und kein Stein bleibt auf dem anderen.

Diese Worte Jesu erfüllen sich in diesen Tagen: *„Ich bin nicht gekommen, Frieden zu bringen, sondern das Schwert."* (Matthäus 10, 34, Anm. JJK). Und dieses Schwert reicht quer durch Freundschaften und Familien hindurch.

ABSTIEG ODER AUFSTIEG?

Die Tage, an denen sich die Menschen entscheiden, sind angebrochen.

Am Thema der Corona-Impfung zeigt sich, was ein Mensch gewählt hat: Erneute Erfahrungen auf einer niedrig schwingenden Ebene des Seins – oder aber den Abschluss dieser Reise und den Neubeginn auf einer hoch schwingenden Erde.

Abstieg oder Aufstieg – das ist jetzt die Frage, vor der ein jeder Mensch steht.

Verlasst euch darauf: Ein jeder Mensch trifft, trotz dieser manipulativen Umstände, die richtige Entscheidung! Gemäß seiner Reife und seines Bewusstseins denkt und handelt der Mensch. Er lenkt sein Leben nach seinen inneren Visionen und Vorstellungen.

Du kannst niemanden bekehren oder von etwas abhalten, was noch gelebt oder erfahren werden will. Niemand wird zu dieser Impfung gezwungen – und doch fühlen sich so viele Menschen genötigt.
Angstmechanismen lösen diese Unsicherheit aus. Oft sind es ungelöste Blockaden und es ist eine zu geringe Anbindung an das Göttliche, das den Menschen eine Ausweglosigkeit, die gar nicht existiert, suggeriert.

JJK: Ich habe vor unserem Gespräch eine Meditation mit dem Kristallwürfel des Aufstiegs[6] gemacht. Es kam die Zahl 6. In der Buchbeschreibung steht: *"Vereinigung der Gegensätze: Mann und Frau, Schwarz und Weiß, Positiv und Negativ, Oben und Unten. Frieden leben, Frieden sein, Frieden bewirken."*

Davon leite ich ab, dass wir alles, was jetzt geschieht, auch was wir im engsten Umfeld erleben, in Frieden annehmen und in Liebe akzeptieren sollen. Eine wirklich große Übung! Im Frieden zu bleiben, wo Unfrieden herrscht, und alles in Liebe anzunehmen – bei so viel Wahnsinn und bei noch mehr Wahnsinnigen – und das in Anbetracht dessen, dass so viele enge Freunde und sogar Familienmitglieder die Angst statt des Selbstvertrauens wählen.

Ich erlebe es, wie eingangs geschildert, in meinem Umfeld vermehrt, dass sehr viele Menschen, von denen ich es nicht gedacht hätte, mit der Impfung kokettieren oder sich die Nadel haben schon setzen lassen. Dabei bin ich selbst gar kein militanter Impfgegner. Jedem das Seine denke ich da. Nur diese Corona-mRNA-Impfung ist das Letzte, was ich meinem Körper antun möchte. Kaum getestet und mit verheerenden Schäden, die sich bereits in den ersten Monaten nach dem weltweiten Impfstart abzeichnen, da hege ich nicht einmal das geringste Vertrauen in diesen Impfstoff.

Obendrein wird uns dieses „Heilmittel" von Menschen wie Bill Gates präsentiert. Gates ist bekennender Eugeniker und findet, dass es zu viele Menschen auf dem Planeten gibt! Und jetzt will gerade ER uns retten? Das zu durchschauen, ist wirklich keine Kunst. Aber warum tun sich die meisten Menschen so schwer damit?

DIE LIEBE UND DAS SCHWERT

MEISTER ST. GERMAIN: Diese Zeit ist die Einladung zur bedingungslosen Liebe. Vieles kann nur unter dem Aspekt der bedingungslosen Liebe verstanden und geheilt werden, gleich, welche Entscheidung ein Mensch trifft: Achte den Menschen und wertschätze seine Entscheidung. Eine Übung, die deiner Meisterschaft und Vollendung angemessen und würdig ist.

Warum so viele Menschen so wenig durchschauen? Weil sie einen Vorhang vor ihrem Bewusstsein haben, damit sie bestimmte Erfahrungen machen können. Auch wenn es schmerzvoll ist, diesen Menschen in ihrem selbstgewählten Leid zuzusehen: *Jeder verdient es, für seine Entscheidung respektiert zu werden.*

JJK: Bedingungslose Liebe auch für Bill Gates & die üblichen Verdächtigen?

MEISTER ST. GERMAIN: Kennst du einen anderen Weg, um Hass und Ängste in Liebe umzuwandeln?

Liebt bedingungslos – und grenzt euch gleichzeitig ab! Menschen und Situationen die euch Schaden wollen, gilt es auf Distanz zu halten oder abzuwehren. Auch die Liebe bedarf manchmal des Schwertes.

JJK: Alle Menschen zu lieben, genauso wie sie sind – an die Arbeit also, kann ich nur sagen.

Nach der Meditation zur Vorbereitung auf unser Gespräch schlug ich per Zufallsprinzip bei PARAMAHANSA YOGANANDA nach:
„Mein Meister [Sri Yukteswar] fragte mich einmal: ‚Liebst du die Menschen?' Ich antwortete: ‚Nein, ich liebe nur Gott.' ‚Das ist nicht genug', erwiderte er. Später fragte er mich erneut: ‚Liebst du die Menschen?'
Mit einem glückseligen Lächeln antwortete ich: ‚Frage mich nicht.' Er konnte sehen, dass meine Liebe nun zu umfassend war, als dass ich darüber hätte sprechen können. Diesmal lächelte er nur."[18]

Ich weiß nicht, wie sehr ich die Menschen liebe, aber wenn ich denke, wie viele sich jetzt gegen Corona „immunisieren" lassen, dann wird mir eng ums Herz. Manchmal aber empfinde ich gar nichts, wenn ich sehe, wie sie immer nur die Angst wählen, anstatt sich aufzurichten.

Es ist ein HIN und HER von Gefühlen und Emotionen.

MEISTER ST. GERMAIN: Es ist ein kollektives Angstmuster, das hier aktiviert wird – und das wirkt sich mal stärker und dann wieder schwächer auf dich aus.

KOLLEKTIVER SELBSTMORD?

JJK: Ich habe gehört, dass die Menschen, die sich impfen lassen, kollektiven Selbstmord begehen. Deshalb haben auch Menschen, die niemals an Selbstmord denken, plötzlich Selbstmordgedanken. Es ist eine Übertragung aus dem „Kollektiv-Motiv" vieler Menschen. Mir kam der Gedanken zum Glück noch nie! Aber ist da was dran?

MEISTER ST. GERMAIN: Ja, das ist eine Tatsache, die Einfluss nimmt auf die Gedankenmuster von Menschen. Viele Menschen, die sich jetzt gegen Corona impfen lassen, wissen, dass ihre Zeit auf dieser Erde abgelaufen ist und dass sie den Wandeln nicht mitmachen werden. Sie wählen dieses Ausstiegsszenario.

In der Tat, achtet daher darauf, welche Gedanken, Gefühle und Emotionen von euch selbst kommen und welche euch übergestülpt werden.

Ich lade dich ein, rufe mich herbei und rufe die
VIOLETTE FLAMME DER TRANSFORMATION an!
Sobald du im Zweifel oder mit Gedanken dieser Art
konfrontiert bist, rufe mich herbei – lass das Licht
wirken und lass dich in die Kraft und Klarheit
zurückbringen.

WAS BEWIRKT DER mRNA-CORONA-IMPFSTOFF?

Was bewirkt dieser mRNA-Impfstoff wirklich?

MEISTER ST. GERMAIN: Das ist in wenigen Sätzen erklärt.

Mit diesem Impfstoff werden Bausteine von künstlicher
Intelligenz in den menschlichen Körper eingebracht.
Es ist der Beginn der Umwandlung des Menschen zur
Maschine.

Des Weiteren erkennt der menschliche Körper in diesen
Bausteinen eine massive Bedrohung, das heißt, er
beginnt mit einer Abwehr, die so radikal ist, dass auch
gesunde Zellen dabei abgetötet werden. Der Körper
führt Krieg gegen sich selbst. Das natürliche
Immunsystem des menschlichen Körpers kann den
Eindringling nicht zuordnen und gerät aus den Fugen.

Das heißt in der Folge, diese Menschen werden anfällig für Krankheiten, die bisher für das Immunsystem eine Kleinigkeit waren. Schließlich der wichtigste Punkt: Diese Partikel von künstlicher Intelligenz (KI) sorgen dafür, dass die Verbindung des Menschen zu seiner Seele unterbrochen und gestört wird. Folgen auf die erste Corona-Impfung weitere Impfungen dieser Art, so ist dies irreparabel.

Der Mensch verliert durch diese Impfung die innere Anbindung an das Göttliche.

Das heißt, der Kontakt und Austausch mit dem Astral, -Äther-, und Mentalkörper geht verloren. Allmählich verblasst der spirituelle Bezugspunkt im Leben – die spirituelle Nabelschnur zum Hohen Selbst und zur Seele wird durchtrennt.

Dieser Impfstoff bedeutet die Umgestaltung des Menschen vom beseelten Wesen zu einem unbeseelten Roboter.

Ein mit der Corona-Impfung versehener Mensch kann sich nicht mehr aufschwingen und bleibt zeitlebens in einem niederfrequenten Schwingungsbereich. Viele, die sich bisher schon vom System vereinnahmen ließen, werden das gar nicht bemerken. Ersichtlich wird das nur für Menschen, die geschult sind, dahinter zu blicken.

DAS GROSSE STERBEN

Die erste Veränderung werdet ihr in den Augen von Geimpften wahrnehmen. Deren Augen verlieren das Leuchten und werden kalt. Daraufhin werdet ihr fühlen, dass diese Menschen nicht mehr beseelt oder bewohnt sind. Sie fühlen sich an wie ein Haus, in dem niemand mehr ist.

Auf der Körperebene beginnen die geimpften Menschen eine große Anfälligkeit für Krankheiten zu entwickeln. Das verlangt nach weiteren Therapien. Der toxische Kreislauf setzt sich fort – und am Ende geschieht, was unausweichlich ist: das große Sterben.

JJK: Aber die Menschen sehen das einfach nicht. Sie glauben, mit der Impfung Sicherheit und Freiheit zurückzugewinnen, und werden am Ende wohl beides verlieren. Heute ist mir dazu ein weiteres Jesus-Wort in Erinnerung gerufen worden: *„Denn wer sein Leben retten will, der wird es verlieren; wer aber sein Leben verliert um meinetwillen und des Evangeliums willen, der wird es retten."* (Markus 8,35) Das scheint sich in diesem Tagen zu bewahrheiten.

MEISTER ST. GERMAIN: **Das Wort erfüllt sich. Die Darlegung** *„und um des Evangeliums willen"* **ist falsch.**

Dieser Abschnitt wurde später von den Kirchengelehrten hinzugefügt, um der offiziellen Verkündigung eine Legitimation zu geben.

Es geschieht, wie euch geheißen. Das Wort Christi und das Wort Gottes erfüllen sich. Menschen, die bisher kaum eine Anbindung an ihre Seele oder an das Göttliche hatten, sehen auch heute keine Notwendigkeit, ihren Horizont zu erweitern. Was sie fühlen, ist Angst, Angst vor dem Virus, Angst vor den Einschränkungen, Angst vor existenziellen Nöten. Noch tiefer wirken unerlöste Todesängste – deshalb lassen die Menschen alles mit sich machen.

Viele wollen durch die Corona-Impfung ihr altes Leben zurückerlangen. Das scheitert! Denn für die Geimpften gibt es immer nur Freiheit auf Zeit – und das alte Leben kommt für niemanden jemals wieder.

Das „alte Leben" sollte für euch gar nicht erstrebenswert sein. Denn war das alte Leben wirklich glückselig machend? Oder aber gab es an allen Ecken und Enden dieser Welt Mängel, Unrecht und Elend? Die Situation der Menschheit war auch vor dieser Corona-Inszenierung äußerst „therapiebedürftig". Deshalb begreift diese Zeit als Segen und als das, was sie in Wahrheit ist: die Chance zum lichtvollen Wandel!

Was sich jetzt ankündigt, ist eine neue Menschheit, jedoch nur mit jenen Menschen, die sich aufschwingen können und aufschwingen wollen.

DAS GROSSE EREIGNIS

JJK: In einer Botschaft, die mir im Jahre 2016 von ASANA MAHATARI *(Meister St. Germain ist erneut als Mensch inkarniert und Asana Mahatari ist der spirituelle Name, den der Aufgestiegene Meister für sein aktuelles Erdenleben gewählt hat. Der Name bedeutet: „Sitz des himmlischen Friedens", Anm., JJK)* übermittelt wurde, ist von einem „Großen Ereignis" die Rede. Zur aktuellen Lage der Welt heißt es dort:

Die Dinge spitzen sich zu. Es herrscht eine bedrückende, für manche erdrückende Ruhe, die eine große Entladung ankündigt. Es wird und muss geschehen, dass einer breiten menschlichen Öffentlichkeit bewusst wird, was zwischen Himmel und Erde existiert. Das Erwachen der Menschheit, ohne sichtbare Zeichen des Himmels, würde noch Äonen dauern. So lange kann aber der große Wandel nicht mehr aufgeschoben werden. Die Zeitqualität verlangt es, dass sich bestimmte Veränderungen jetzt einstellen – und so ist jetzt eine Ruhe wahrzunehmen, die auf ein großes Ereignis hinweist.

JJK: Welches „großes Ereignis"?

ASANA MAHATARI: Die Auflösung bisheriger Strukturen in der Gesellschaft und das Ende der Welt, wie sie bisher war. Dies betrifft die wirtschaftliche, politische, religiöse Ebene des menschlichen Zusammenlebens und betrifft die Geologie des Planeten selbst. Alles stellt sich um und es geht für planetare und kosmische Maßstäbe sehr rasch vonstatten.

JJK: Wie lange ist es noch bis dahin?

ASANA MAHATARI: Es ist bereits im Gange. Die Folgen dieses Vorgangs werden mit jedem neuen Ereignis, mit jeder Entladung und „Berichtigung" gravierender – bis die Welt nicht wiederzuerkennen ist.

JJK: Werden viele Menschen „sterben"?

ASANA MAHATARI: Viele, sehr viele Menschen werden diesen Ort verlassen. Damit die Erde heilen und die Menschheit wieder zueinanderfinden kann, müssen jene Menschen, die dem entgegenwirken, diese Welt verlassen. Sie alle werden auf der anderen Seite des Schleiers in Liebe empfangen und es ist für eine jede Seele gesorgt! So sorgt euch nicht, seid aber bereit für diesen Wandel, denn wahrlich: Es wird still auf dieser Welt. [19, 20]

JJK: Das heißt, aufgrund der Corona-Impfung werden viele Menschen sterben?

MEISTER ST. GERMAIN: Es werden viele Menschen diese Ebene des Seins verlassen. Viele, die an ihrem Leben klammern, werden es verlieren und viele, die bereit sind, es herzugeben, werden es gewinnen.

JJK: Wie viele Menschen sind das in Zahlen?

MEISTER ST. GERMAIN: Es kommt darauf an, wie viele Menschen von den lichten Mächten jetzt noch erreicht werden. Denn eines ist gewiss: Das panische Vorgehen der Kräfte des kalten Lichts trägt zum Aufwachen sehr vieler Menschen bei. Wie viele Menschen das am Ende sein werden, ist abzuwarten. Auf jeden Fall wird sich die Erdbevölkerung deutlich verringern, denn sehr viele Menschen wollen und können den Aufstieg weder mitmachen noch mitgestalten.

JJK: Ich denke mir das auch oft! Gerade jetzt herrschen ideale Voraussetzungen zum Aufwachen. Das Vorgehen der dunklen Eliten ist derart irrational, panisch und offenkundig brutal, sodass immer mehr Menschen ein Licht aufgehen kann und die Menschen sich sagen: „Hier stimmt etwas nicht!" Diese Dinge bemerken immer mehr Menschen.

Mich beschäftigt jetzt die Frage, ob es irgendeine Möglichkeit der Heilung gibt, wenn jemand eine Corona-Impfung erhalten hat und danach diese Stoffe ausleiten möchte. Geht das?

GIBT ES HEILUNGSCHANCEN NACH EINER CORONA-IMPFUNG

MEISTER ST. GERMAIN: Das ist möglich, doch nur bei den Wenigsten! Hierfür bedarf es der Bewusstheit des Menschen – und einer sehr hohen und konstanten Eigenschwingung. Die Frage ist: Warum hast du dich impfen lassen? Ein bewusster Mensch, jemand, der mit sich selbst im Reinen ist und der in einer höheren Schwingungsrealität lebt, wird von dieser Impfung Abstand halten. Es gibt jedoch Ausnahmefälle, bei denen rohe Gewalt im Spiel ist oder andere Gründe, die eine Impfung unausweichlich machen.

JJK: Wenn jemandem mit Gefängnis oder dem Erschießen gedroht wird, gewiss, das sind Extremfälle, aber wer weiß, wie verrückt alles noch wird. Bestimmt gibt es echte und eingebildete Notsituationen.

MEISTER ST. GERMAIN: Was eine Notsituation ist, bestimmt jeder Mensch für sich selbst.

Wichtig zu verstehen, ist, es gibt immer Möglichkeiten der Heilung. Manche Dinge sind auf der Körperebene ab einem bestimmten Punkt nicht mehr rückgängig zu machen. Der Mensch muss mit den Folgen leben oder daran sterben. Daraufhin bieten sich neue Gelegenheiten der Heilung – entweder in einem nächsten Leben mit einem neuen Körper oder aber auf der geistig-seelischen Ebene jenseits des Schleiers.

Allen Menschen, die sich einer Corona-Impfung nicht entziehen können, sich aber selbst mit ganzer Seele dagegen wehren und sich der negativen Folgen voll bewusst sind, lege ich folgende Notfallanrufung an ERZENGEL METATRON in die Seele:

NOTFALL-ANRUFUNG

ICH BITTE ERZENGEL METATRON,
ALLE SCHÄDLICHEN STOFFE DIESER IMPFUNG
ZU NEUTRALISIEREN.
ICH BIN MIR BEWUSST, WAS JETZT GESCHIEHT.
ICH DANKE FÜR DIESE GNADE.

Diese Anrufung ist für den Notfall und ich sage dir:

Die meisten Menschen glauben, sie befänden sich in einer Notsituation, dabei würde ein einfaches aber

deutliches NEIN zur Corona-Impfung reichen, um unversehrt zu bleiben. Denn die, die das veranstalten, brauchen deine Zustimmung. Sei dir deiner Macht bewusst – Mensch!

Wie die Mitmenschen auf dein NEIN reagieren, darf einen bewussten und erwachten Menschen nicht mehr interessieren. Was kümmert es einen Baum, wenn ein Hund ihn anbellt oder wenn ein Hase sein Geschäft darunter verrichtet.

JJK: Was geschieht mit einem Menschen, der von seiner Seele abgeschnitten wurde nach dem Sterben? Findet er leicht wieder zurück zu seiner geistigen Familie, findet er seine Seele und sich selbst wieder?

MEISTER ST. GERMAIN: Mit dem Ablegen des Körpers verschwinden auch die Beeinträchtigungen, die der spezifische Körper mit sich brachte. Was in diesem Fall bleibt, ist eine Desorientiertheit unmittelbar nach dem Sterben.

Ich sage euch: Ein jeder Mensch wird an der Pforte ins Jenseits abgeholt. Manche Seele braucht Zeit, um den eigenen Tod akzeptieren zu können. Diese Seelen verbleiben, so lange sie dies möchten, im Ätherreich oder in der Astralwelt der Erde. Von einzelnen Ausnahmefällen abgesehen kehrt ein jeder Mensch mit seiner Seele zu seiner geistigen Familie zurück. Wer einen RNA- oder DNA-Impfstoff erhalten hat, wird zeitlebens zunehmend innerlich desorientiert sein, sich leer fühlen und nach dem Tod für eine bestimmte Zeit lang orientierungslos bleiben.

Fürchtet euch nicht! Für alles gibt es eine Lösung, sobald ein Mensch diese Lösung wirklich will!

JJK: Was werden wir ab heute, dem 5. April 2021 als Stichtag, für eine Dynamik beim Corona-Wahnsinn erleben?

CORONA-DYNAMIK

MEISTER ST. GERMAIN: **Der Weg ist vorgezeichnet:**

1. Der psychische und existenzielle Druck auf die Menschen wächst. Viele geben dem nach und willigen in die scheinbaren Lösungen ein. Gleichzeitig wachen immer mehr Menschen auf und sie sagen NEIN!

2. Die Maßnahmen werden immer absurder und durchschaubarer. Wer sich nicht sofort impfen lässt, hat gute Karten, dass es später nicht mehr dazu kommen kann.

3. Das Lügengebilde dieser Matrix kracht in sich zusammen. Menschen, die dem Lichte gedient haben, übernehmen das Ruder auf der Erde. Außerirdische Lichtkräfte geben sich zu erkennen und sie assistieren den Menschen.

4. Die Menschheit ist befreit, die neuen Menschen begegnen sich in Einheit und Liebe, sind ein Volk und sind im Frieden.

5. Das goldene Zeitalter beginnt. Die Liebe regiert und die Menschen achten als Hüter auf die Erde. Die Rede ist von der Rückkehr in den Garten Eden.

Geliebter Mensch!

Fasse Mut! Versuche nicht zu retten, was nicht zu retten ist. Gib das alte Leben auf! Es wird dir geholfen und gegeben. Dein Verstand schafft Grenzen, dein Bewusstsein dehnt sich weit darüber aus.

Meditiere, arbeite mit den Engeln, den Erzengeln und mit den Aufgestiegenen Meistern! Lade die guten Mächte des Lichts in dein Leben ein – wir warten nur darauf!

HÜTE DEINE SEELE

Vertraue auf Gott und auf Gottes Hilfe! Es ist eine gnadenreiche Zeit. Speziell in größter Not darfst du am meisten Hilfe und Segen erwarten!

Versage dich den Ängsten! Lass dich nicht von Sorgen dirigieren, sondern durch Vertrauen leiten! Stehe fest im Leben!

Lege keinen Wert auf Meinungen – auch auf die eigenen nicht! Meinungen sind Geräusche des Verstandes.

Gehe deinen Weg! Du bist einmaliges göttliches Bewusstsein. Niemand ist wie du!

Bewahre dir dein Herz, verbinde dich mit deiner Seele und schöpfe aus deinem unendlichen Geist!

Liebe dein Leben und liebe dich selbst! Das ist der Anfang vom Ende dieser Matrix.

Durchdringe mit der Hilfe Gottes und seiner himmlischen Mächte den Nebenschleier des Unwissens! Das äußerst reale Spiel auf Erden ist unwirklich. Auch wenn dir diese Zeit etwas anderes suggeriert: Realität und Zukunft werden von dir selbst erschaffen.

Hüte deine Seele wie deinen Augapfel, denn du siehst nur mit der Seele wirklich gut.

Wir sind einmalige Geschöpfe Gottes und doch sind wir alle eins: durch die Kraft der Liebe und durch die Macht des Lichts.

Ich liebe dich unendlich.
MEISTER ST. GERMAIN

PS: Anmerkung des Autors:

Was für die in dieser Botschaft erwähnten RNA-Impfstoffe (mRNA) gilt, trifft auch auf alle DNA und auf die viralen Vektorimpfstoffe zu. In seinem sehr lesenswerten Bestseller „Corona-Impfstoffe, Rettung oder Risiko?" zitiert der Biologe, Dipl. Ing. Clemens G. Arvay, Patrick Vogel: „Ein weiterer Aspekt bei einigen Vektorimpfstoffen, besonders DNA-Viren wie Adenoviren, ist die Gefahr, dass sie sich dauerhaft in das Genom der geimpften Person einbauen. Die langfristigen Konsequenzen dieser Veränderung des Genoms können nur ungenügend abgeschätzt werden."[21]

„Überquert die Brücke des Zweifels mit Gott und wählt immer den direkten Weg! Niemand, der zu seinem Schöpfer eilt, muss ein Vorzimmer durchqueren."

MEISTER ST. GERMAIN

EPILOG

ALLES IST GESAGT!

MEISTER ST. GERMAIN

GEWISSHEIT UND FRIEDEN
ALLES HAT SEINEN WEG

7. APRIL 2021

GEWISSHEIT UND FRIEDEN

JJK: Zwei Tage sind seit unserem, aus meiner Sicht sehr bedeutenden Gespräch zum Thema der Corona-mRNA-Impfungen vergangen. Das Gespräch hat nachgewirkt und heute bin ich wieder ganz im Vertrauen. Eine tiefe innere Gewissheit, dass am Ende alles gut wird, breitet sich in mir aus. Die Zweifel, die ich eine Woche lange hatte, sind gewichen.

Spannend ist auch, dass uns heute ein Mail erreichte, in der eine erfahrene Therapeutin auf dem Gebiet der Energieheilung genau das schildert, was im Gespräch von vorgestern dargelegt ist. Die Frau arbeitet seit vielen Jahren mit den feinstofflichen Körpern und vor allem mit der Schwingung des Herzens, dem Sitz unserer Seele. Dabei geht es darum, dass die Menschen einen tiefen Kontakt mit dem höheren Selbst erreichen. In der uns weitergeleiteten Whatsapp-Nachricht berichtet die Therapeutin von der Sitzung mit einem Menschen, der die erste und zweite Corona-Impfung erhalten hat. Sie schreibt:

"Ich setzte die Behandlung fort, indem ich Licht zum Herzchakra der Person, also zur Seele der Person schickte, aber es schien, dass die Seele kein Licht, keine Frequenz oder Energie mehr empfangen konnte. Es war eine sehr starke Erfahrung für mich.

Dann verstand ich, dass diese Substanz in der Tat verwendet wird, um das Bewusstsein abzulösen, sodass dieses Bewusstsein nicht mehr durch diesen Körper, den es im Leben besitzt, interagieren kann, wo es keinen Kontakt mehr gibt, keine Frequenz, kein Licht, kein energetisches Gleichgewicht oder Geist mehr."

Ich lese das und bemerke, dass ich im Frieden bleibe. Dieser intensive Erfahrungsbericht regt mich weder auf noch versetzt er mich in Angst. Jeder Mensch wählt selbst, entscheidet selbst und erntet aufgrund dieser Basis. Ich hege tiefes Mitgefühl für diese Menschen, aber auch Verständnis. Denn ein jeder Mensch trifft aufgrund übergeordneter Beweggründe seine Wahl.

Jetzt nochmals zusammengefasst zu diesem Thema:

Diese Menschen verlieren also spätestens nach der zweiten Corona-RNA-Impfung die innere Anbindung an ihre Seele, an ihr Bewusstsein und an sich selbst. Doch das ist ihnen nicht bewusst – oder?

MEISTER ST. GERMAIN: **Das Friedensreich ist lebendig in dir, Jahn. Kurzweilige Irritationen können immer wieder auftreten, ein tiefer innerer Frieden, als Basis deiner Wahrnehmung, bleibt unbeeinträchtigt bestehen.**

ALLES HAT SEINEN WEG

Ja, die Menschen, die es betrifft, wählen auf diese Weise das Ende ihres Lebens auf Erden. Sie legen diese Körper ab, kehren zurück zu ihren geistigen Familien und bereiten sich auf die nächste Verkörperung vor. Der Kreislauf setzt sich fort, so lange, bis der Mensch bereit ist für die Gnade des Aufstiegs.

Die, die es jetzt betrifft, wissen meist nicht, was mit ihnen geschieht. Die meisten Menschen wollen es auch nicht wissen und sie wollen das auch von dir nicht hören!

JJK: Ja, das kann ich nur bestätigen. Viele, die der Impfung vertrauen, zeigen einem eher den Vogel, wenn man kritisch darüber spricht oder davor warnt.

MEISTER ST. GERMAIN: **Alles hat seinen Weg. Weltumspannendes und dich selbst Betreffendes – alles hat seine innere Logik und entspricht dem, was ein Mensch als Individuum und die Menschheit als Kollektiv gewählt haben.**

Dein neues Gefühl und deine Wahrnehmung, dass am Ende alles gut wird und dass es keinen Grund zur Sorge gibt, sind goldrichtig und zugleich dringend notwendig. Denn wer in schlechte Laune oder in trübe Gedanken versinkt, der vergiftet am Ende sich selbst.

Zieht euch aus dem Sumpf von Negativität, Mutlosigkeit und Hoffnungslosigkeit! Überquert die Brücke des Zweifels mit Gott und wählt immer den direkten Weg! Niemand, der zu seinem Schöpfer eilt, muss ein Vorzimmer durchqueren. Gott wartet nur darauf, dass sich dein Herz mit Sehnsucht füllt und Gott wartet auf diesen Tag seit Äonen.

JJK: Ich fühle, dass unser Gespräch ausklingt und dass somit auch der 10. Band der Meisterdialoge vollendet ist. Was ist abschließend den Menschen zu sagen?

MEISTER ST. GERMAIN: Alles vollendet sich auf vollendete Weise. Die Wahrheit wird sichtbar im göttlichen Licht und die Herzen der Menschen finden Heilung in der göttlichen Liebe. Der göttliche Plan erfüllt sich auf dieser Erde. Alles ist gesagt.

Frieden ist mit dir.

In unendlicher Liebe
MEISTER ST. GERMAIN

Getragen von Gott bist du sicher.
Gehalten von Gott bist du geborgen.
Genährt von Gott bist du versorgt.

Geliebt von Gott bist du Liebe.

Göttliches Bewusstsein offenbart sich auf der Erde.
Der Weg enthüllt sich dir im Gehen.
Vollkommen bist du Mensch.
In Gott.

LADY NADA

LITERATUR- UND QUELLENVERZEICHNIS

1. Was geschieht 2021?
   https://lichtweltverlag.at/2021/01/02/was-geschieht-2021/
2. ERLÖSUNG, Lichtwelt Verlag, 2020, Meisterdialoge 9, Taschenbuch
   https://lichtweltverlag.at/produkt/erloesung/
3. DIE JESUS BIOGRAFIE 1, Lichtwelt Verlag 4. Auflage, 2020, Taschenbuch
   https://lichtweltverlag.at/produkt/jb1/
4. DIE JESUS BIOGRAFIE 2, Lichtwelt Verlag, 2011, gebundene Ausgabe
   https://lichtweltverlag.at/produkt/jb2/
5. ENTSCHEIDENDE JAHRE DER MENSCHHEIT, Lichtwelt Verlag, 2020, Meisterdialoge 8, Taschenbuch, S. 93
   https://lichtweltverlag.at/produkt/entscheidende-jahre-der-menschheit/
6. Kristallwürfel des Aufstiegs Christusbewusstsein 11 (CB11), Lichtwelt Verlag, 2015, gebundene Ausgabe
   https://lichtweltverlag.at/produkt/kristallwuerfel-des-aufstiegs/
7. DU BIST BEHÜTET, Lichtwelt Verlag, 2019, Meisterdialoge 7, Taschenbuch
   https://lichtweltverlag.at/produkt/du-bist-behuetet/
8. https://wiki.yoga-vidya.de/Nasruddin
9. https://wiki.yoga-vidya.de/Nasruddin
10. Jesus und Sai Baba, Govinda Sai Verlag, S. 307
11. https://lichtweltverlag.at/2020/12/02/split-der-erden/
12. Babaji spricht: Prophezeiungen und Lehren, S. 66
13. SUREIJA OM ISTHAR OM
    https://lichtweltverlag.at/2019/02/01/das-mantra-aller-mantren-sureija-om-isthar-om/
14. Jesus und Sai Baba, Govinda Sai Verlag, S. 444 ff.
15. Die Abenteuer der Seelen, Edition Astroterra, S. 355 ff.

16 Jesus und Sai Baba, Govinda Sai Verlag, S. 200
17 Jesus und Sai Baba, Govinda Sai Verlag, S. 153
18 Die universelle LIEBE hinter all unseren BEZIEHUNGEN, TB vianova, S. 50
19 Ein großes Ereignis, Blog 7.12.2016: https://lichtweltverlag.at/2016/12/07/
20 ES WIRD STILL AUF DIESER WELT, Lichtwelt Verlag, 2016,
    Meisterdialoge 2, Taschenbuch
    https://lichtweltverlag.at/produkt/es-wird-still-auf-dieser-welt/
21 Corona-Impfstoffe, Rettung oder Risiko? Clemens G. Arvay, Quadriga,
    S.62 ff.

PUBLIKATIONEN JAHN J KASSL

GELASSENHEIT IM STURM
Lichtwelt Verlag, gebundene Ausgabe (2021)

ERLÖSUNG
Lichtwelt Verlag, gebundene Ausgabe (2020)

SANANDA OFFENBARUNGEN – TEIL I
Lichtwelt Verlag, gebundene Ausgabe (2020), eBook (2010)

ENTSCHEIDENDE JAHRE DER MENSCHHEIT
Lichtwelt Verlag, gebundene Ausgabe (2020)

DU BIST BEHÜTET
Lichtwelt Verlag, gebundene Ausgabe (2019)

LICHTSPUR IN DAS GOLDENE ZEITALTER
Lichtwelt Verlag, gebundene Ausgabe (2019)

SPRACHE DER SEELE – 13 SCHLÜSSEL DES LEBENS
Lichtwelt Verlag, gebundene Ausgabe (2019), eBook (2011)

WANDEL DER HERZEN
Lichtwelt Verlag, gebundene Ausgabe (2018)

ATMAR – JENSEITS ALLER KONZEPTE
Lichtwelt Verlag, gebundene Ausgabe (2018)

KURS ZUR FREIHEIT – BABAJI
Lichtwelt Verlag, gebundene Ausgabe (2018), eBook (2012)

IM ZEICHEN DES WANDELS
Lichtwelt Verlag, gebundene Ausgabe (2018)

JETZT BIST DU DA – TAGEBUCH EINES ERWACHENS
GESPRÄCHE MIT JESUS SANANDA
Lichtwelt Verlag, gebundene Ausgabe (2017)

KURS IM KREIEREN – PAUL DER VENEZIANER
Lichtwelt Verlag, gebundene Ausgabe (2017), eBook (2012)

DIE ERDE WIRD NICHT ZERSTÖRT!
Lichtwelt Verlag, gebundene Ausgabe (2017)

30 TORE ZUR ERLEUCHTUNG
Lichtwelt Verlag, gebundene Ausgabe (2017), eBook (2012)

ES WIRD STILL AUF DIESER WELT
Lichtwelt Verlag, gebundene Ausgabe (2016)

DIE JESUS BIOGRAFIE – TEIL I
Lichtwelt Verlag, gebundene Ausgabe 3. Auflage (2015), eBook (2010)

DIE GROSSE ZEIT IST GEKOMMEN
Lichtwelt Verlag, gebundene Ausgabe (2015)

KRISTALLWÜRFEL DES AUFSTIEGS – MIT ARBEITSBUCH
Lichtwelt Verlag, Sondereinband (2015)

LICHT I – HEILUNG DURCH GOTT
Lichtwelt Verlag, gebundene Ausgabe 2. Auflage (2018), eBook (2011)

ELIJA PROPHEZEIUNGEN 49 – 65,
FÜR ALLE 4D-WELTEN BIS IN DAS JAHR 3000
Lichtwelt Verlag, eBook (2014)

TELOS, WILLKOMMEN IN AGARTHA
Lichtwelt Verlag, gebundene Ausgabe (2020, 2015, 2014), eBook (2015)

LEBEN, BAND I
Lichtwelt Verlag, gebundene Ausgabe (2013), eBook (2014)

ELIJA PROPHEZEIUNGEN 1–48
Lichtwelt Verlag, eBook (2013)

TROMMELSCHLAG DES SCHÖPFERS
Lichtwelt Verlag, eBook (2013)

OFFENBARUNGEN SANANDA – TEIL II
Lichtwelt Verlag, eBook (2012)

DER LICHTNAHRUNGSPROZESS – GRENZERFAHRUNG IN 21 TAGEN
Lichtwelt Verlag, eBook (2011)

DIE JESUS BIOGRAFIE – TEIL II
Lichtwelt Verlag, gebundene Ausgabe (2011), eBook (2010)

2026 OFFENBARUNGEN GOTTES
Lichtwelt Verlag, gebundene Ausgabe (2011), eBook (2010)

LICHT II
Lichtwelt Verlag, gebundene Ausgabe (2009), eBook (2010)

Alle Titel erhältlich im Lichtwelt Verlag – www.lichtweltverlag.at